AF220914

Gerhard Müller

Besser sehen mit Qigong

Den Augen Gutes tun mit Augen-Qigong

Alle Rechte vorbehalten
Copyright 2014 Gerhard Müller
Fotos: Gerhard Müller
Vierte Auflage 2020
Herstellung und Verlag: BoD - Books on Demand , Norderstedt
ISBN: 9783751933971

Wichtiger Hinweis

Ganz gleich, ob Sie wegen Fehlsichtigkeit eine Brille brauchen oder Ihre gesunden Augen ein Leben lang gesund erhalten möchten, Augen-Qigong kann Ihnen helfen. Wissenschaftliche Studien in China belegen, dass durch regelmäßiges Training eine Verbesserung der Sehfähigkeit erzielt werden kann. Viele meiner Seminarteilnehmer können dies bestätigen und haben entsprechende positive Erfahrungen gemacht.

Die Übungen in diesem Buch dienen vor allem der Aktivierung der Selbstheilungskräfte und ersetzen nicht die Diagnose und Behandlung beim Arzt oder Heilpraktiker. Wer die Anweisungen befolgen möchte, sollte im Zweifelsfalle erst Rücksprache mit seinem behandelnden Arzt halten. Die hier veröffentlichten Ratschläge wurden mit größter Sorgfalt vom Verfasser erarbeitet und geprüft. Eine Garantie kann jedoch nicht übernommen werden. Ebenso ist eine Haftung des Verfassers bzw. des Verlages für Sach- und Vermögensschäden ausgeschlossen.

Inhalt

Einleitung

In unserer heutigen Informationsgesellschaft werden unsere Sinne, besonders die Augen, mit Eindrücken überflutet, weshalb Brillen von immer jüngeren Menschen benötigt werden. Die zum Ausgleich nötigen Ruhe- und Entspannungsphasen sind dagegen kaum noch zu finden. Aus diesem Grund ist Augen-Qigong so wichtig für die heutige Zeit und für die westliche Gesellschaft. Dies gilt nicht nur für Brillenträger, sondern für alle Menschen, die ein Leben ohne „Krücke" (Brille) bevorzugen und aktiv etwas zu ihrer Allgemeingesundheit beitragen möchten. Besonders für Menschen, die viel am PC arbeiten, ist Augen-Qigong sehr wertvoll. Mit regelmäßigem Training gelangt man wieder in Harmonie mit sich selbst und der Welt, vermeidet unnötige Anspannung und regeneriert sich immer wieder sehr wirkungsvoll.

Vollkommene Gesundheit – somit auch gutes Sehen – ist der Normalzustand des Menschen. Demgegenüber sollen mehr als 40 Millionen Bundesbürger eine Brille tragen. Bei einer so hohen Anzahl von Brillenträgern gilt es dann als normal, eine Brille zu tragen. Zudem glaubt ein Großteil der Bevölkerung, dass wir nichts gegen die nachlassende Sehkraft tun können außer, mit den Jahren immer stärkere Brillengläser zu verwenden.
Nun die gute Nachricht: Sie können selbst viel für Ihre Gesundheit und damit auch für Ihre Augen tun.
Muskeln, die nicht bewegt werden, verkümmern. Das betrifft nicht nur Ihre Bizepsmuskeln – diese trainieren Sie vielleicht schon in der Mucki-Bude –, das betrifft auch die Augenmuskeln.
Nur ist es den wenigsten Menschen bekannt, dass die Augen genauso trainingsbedürftig sind wie unsere Beine, Arme und der Rücken. Nur wo Bewegung stattfindet, ist Lebendigkeit, fließt Blut, Sauerstoff, Qi, Lebensenergie. Stillstand ist der Tod. Die Augen verkümmern immer mehr und müssen fortwährend mit stärkeren „Krücken" (Brillen) unterstützt werden. Wenn Ihnen bewusst wird, dass auch die Augenmuskulatur Training nötig hat, ist dies schon der erste Schritt hin zu gutem Sehen.

Und plötzlich weißt du:
Es ist Zeit, etwas Neues zu beginnen
und dem Zauber des Anfangs zu vertrauen.
(Meister Eckhart)

Persönliches Vorwort

Augen-Qigong fasziniert mich schon seit meinem ersten, selbst geleiteten Seminar im Jahr 1997. Damals nahm auch Gisela Braun, eine Heilpraktikerin, teil. Das Thema des über acht Wochen dauernden Seminars war: „Locker bleiben mit Qigong". Diese Übungsfolge ist einfach zu erlernen, wie übrigens alle von mir gelehrten Übungen. Mein Motto lautet auch: „Wirklich Großes ist nie kompliziert." Nach einigen Wochen Qigong-Praktikum rief mich Frau Braun an und fragte: „Kann es sein, dass ich durch mein regelmäßiges Training besser sehe?" Ja, das ist möglich, war meine Antwort, denn davon habe ich schon mehrfach in der Fachliteratur gelesen und auch ich selbst hatte in diesem Zusammenhang einige interessante Erfahrungen gesammelt. Denn nach intensiven Übungseinheiten, alleine in der Natur, habe ich immer wieder bemerkt, dass ich Farben, Gerüche und Geräusche deutlicher wahrnahm als sonst. Seit dieser Zeit ist in all meinen Seminaren eine Übungsstunde dem Thema Augen-Qigong gewidmet.

Die größten Erfolge hinsichtlich des besseren Sehens durch Qigong hat meine Frau Vera erzielt. Vor drei Jahren bemerkte sie zum ersten Mal, dass ihre Brille zu stark war. Als sie zum Optiker ging und erwähnte, dass sich ihre Sehschärfe merklich verbessert habe und sie eine schwächere Brille benötige, wollte der Brillenfachmann dies nicht so richtig glauben. Erst recht gestaunt hat der Optiker dann zwei Jahre später, als wiederum schwächere Gläser nötig waren.

Wahrer Reichtum ist die Gesundheit
und nicht Stücke von Gold und Silber.
(Mahatma Gandhi)

Qigong –
Entspannung nicht nur für die Augen

Das Lesen von Büchern und Zeitungen, das stundenlange Fernsehen und vor allem die Arbeit am PC belasten unsere Augen und führen zu Verspannungen. Die Augen leiden unter der täglichen Reizüberflutung, und künstlich beleuchtete Räume lassen unsere Augen schnell ermüden. Die Flut von Sinneseindrücken überlastet auf Dauer unser Gehirn und oft nehmen wir uns nicht genügend Zeit, um bewusst abzuschalten und zu entspannen. Wenn auf innere Anspannung keine Entspannung folgt, verkrampft sich nicht nur die Muskulatur, jede Körperzelle wird energetisch blockiert, auch das Gehirn und die Augen werden nicht mehr ausreichend mit Lebensenergie (Qi) versorgt. Nach der Arbeit am Computer, nach dem Surfen im Internet fühlen sich unsere Augen dann müde und trocken an. Üblicherweise kommen dann noch Verspannungen im Schulter-Nackenbereich und Kopfschmerzen hinzu.

Hier bieten die Prinzipien und die Übungen des Qigong eine große Hilfe. Nach diesen universellen Gesetzen führt jedes „zu viel" oder „zu wenig" auf Dauer zu einem Ungleichgewicht zwischen den beiden Kräften Yin und Yang. Deshalb ist das Ziel jeder Heilbehandlung, die Yin- und Yang-Aspekte des Körpers auszugleichen.

Die sanften und leicht zu erlernenden Übungen aus dem Augen-Qigong entspannen und stärken. Sie sind hilfreich bei trockenen Augen, Kurz- oder Weitsichtigkeit, Verspannungen im Schultergürtel und bei Rückenschmerzen.

Neben der edlen Kunst Dinge zu verrichten,
gibt es die edle Kunst Dinge unverrichtet zu lassen.
(Lin Yu-Tang)

Was ist Qigong?

Qigong (sprich: Tschi Gung) ist die traditionelle Kunst zur Aktivierung der Lebensenergie (Qi), die in China seit Jahrtausenden zur Erhaltung der Gesundheit und Selbstheilung eingesetzt wird. Ihre wohltuenden Wirkungen werden auch hier im Westen mehr und mehr geschätzt. Die langsamen, fließenden und sanften Bewegungen, die bei aufrechter, natürlich entspannter Körperhaltung ausgeführt werden, harmonisieren die Atmung sowie die Funktion der inneren Organe; die Durchblutung wird gesteigert und körperliche Verspannungen werden abgebaut. Bewegungsmangel oder einseitige Körperbelastungen werden ausgeglichen, körperliches und psychisches Wohlbefinden, Gesundheit und Vitalität werden gesteigert. So werden Körper und Geist widerstandsfähiger gegen Krankheiten und Störungen aller Art.

Der Begriff Qigong setzt sich aus den beiden Schriftzeichen „Qi" und „Gong" zusammen. „Qi" steht für Lebensenergie, die nach chinesischer Auffassung nicht nur den Menschen, sondern alles Lebendige auf Erden und im Universum durchdringt. „Gong" heißt so viel wie Können, Geschicklichkeit oder Arbeit. Qigong ist also Energiearbeit und das bedeutet: die Fähigkeit zu erlangen, seine eigene Lebenskraft bewusst zu mehren und frei fließen zu lassen.

Erstaunlich ist, dass die Schulmedizin
das einzige Heilverfahren der Weltgeschichte ist,
das den Begriff der biologischen Energie (Qi) nicht kennt.
(Dr. Julian N. Kenyon)

Qigong ist weiterhin ein übergeordneter Sammelbegriff für alle energetischen Übungsformen, die auf geistige Konzentration, tiefe gleichmäßige Atmung sowie auf harmonische Bewegungsabläufe aufbauen. Die sanften und achtsamen Übungen werden vor allem als Hilfe zur Selbsthilfe betrachtet, als aktiver Beitrag zur Gesunderhaltung oder zum Genesungsprozess.

Qigong ist eine sehr alte Bewegungskunst, deren Wurzeln bis tief in die Menschheitsgeschichte hinabreichen. Selbst auf uralten Höhlenzeichnungen finden sich erste Zeugnisse von einfachen Übungen. Es waren vor allem Mönche und Einsiedler, die Qigong zur Unterstützung ihrer körperlichen und geistigen Gesunderhaltung entwickelten. Über Jahrtausende hinweg wurde dieses Wissen streng gehütet, stetig weiterentwickelt und nur an wenige auserwählte Schüler weitergegeben. Als „Geheimlehre" war deshalb Qigong bis 1950 nur einer kleinen Gruppe von Menschen zugänglich. Auch ich habe meine Kenntnisse – nach traditioneller Art und Weise – in „geheimer Übertragung", das heißt mündlich (oder von Herz zu Herz), vom Meister zum Schüler vermittelt bekommen.

Da China ein großes Land ist, entwickelten sich über Jahrtausende unzählige Variationen von Übungen. Diese Vielfalt spricht für eine lebendige Tradition, solange sie um ihre Wurzeln weiß.

Vorbeugen und die Gesundheit erhalten – anstatt Krankheit zu heilen – ist seit Jahrtausenden das wichtigste Bestreben der chinesischen Medizin. Um dieses Ziel zu erreichen, haben sich verschiedene Maßnahmen bewährt: die Akupunktur, die Ernährung nach den Fünf Elementen, die Kräuterheilkunde, Tai Chi und Qigong. Jedoch wurde Qigong nicht wie ein Arzneimittel für eine bestimmte Zeit „verordnet", sondern vorsorgend, zur Lebenspflege und Langlebigkeit, ausgeführt. Im Klassiker der TCM, dem „Gelben Kaiser" aus dem 2. Jahrhundert v. Chr. heißt es:

Erst dann zu behandeln,
wenn sich eine Krankheit zeigt,
ist genauso als würde man
mit dem Graben eines Brunnens beginnen,
wenn man durstig ist. ...
Kommt diese Aktion dann nicht zu spät?

Erst mit der Machtübernahme der kommunistischen Partei begann man, in kleinen Projekten Qigong als Therapiemethode einzusetzen. Da diese Versuche sehr erfolgreich waren, begann man Mitte der 50er Jahre mit groß angelegten klinischen Studien und war sehr erstaunt über die guten Erfolge, selbst bei schweren Erkrankungen. Erst in dieser Zeit wurde der Name Qigong gebräuchlich, vorher fasste man die Übungen unter „Yangshen" (Techniken zur Lebenspflege) oder „Tuna" (Altes ausstoßen und Neues aufnehmen) zusammen. Während der Kulturrevolution (1966-1969) erlitt die Bewegung einen Rückschlag, da man glaubte, alle alten Werte beseitigen zu müssen. Doch einige Jahre später setzte der Siegeszug ein, die Medien berichteten über sensationelle Heilerfolge und Qigong breitete sich in China als Massenbewegung aus.

Heute erlebt Qigong eine Blütezeit. Das in der Vergangenheit streng gehütete Wissen ist jedem interessierten Menschen zugänglich. Inzwischen hat auch der Westen den Wert dieser Methode entdeckt, so dass ab 1988 der erste chinesische Qigong-Lehrer in Deutschland unterrichtete. Vorher war es nahezu unmöglich, diese Methode in Europa zu erlernen. Heute bieten jedoch eine große Anzahl gut ausgebildeter Lehrer ihre Dienste an.

Zu Beginn der 90er Jahre wurde die Deutsche Qigong Gesellschaft (DQGG) gegründet, die dafür Sorge trägt, dass gut ausgebildete Qi Gong-Lehrer unterrichten. Diese von der DQGG anerkannten Lehrer und Übungsleiter müssen über eine besondere Qualifikation verfügen sowie regelmäßige Weiterbildungsmaßnahmen nachweisen.

Wer regelmäßig Qi Gong übt,
erwirbt sich die Geschmeidigkeit eines Babys,
die Robustheit eines Holzfällers,
sowie die Weisheit des Alters.
(Chinesische Weisheit)

Die Traditionelle Chinesische Medizin

Um die Wirkungsweise sowie den geistigen Hintergrund von Qigong besser zu verstehen, sollten wir uns an dieser Stelle etwas näher mit der **T**raditionellen **C**hinesischen **M**edizin befassen. Die Erkenntnisse dieser Heilkunde sind auch für uns westliche Menschen eine Bereicherung und sinnvolle Ergänzung zur Schulmedizin.

Vor über 5000 Jahren – zu einer Zeit, in der in Europa von Zivilisation noch keine Rede war – entwickelte sich in China bereits eine Hochkultur. So sieht die **TCM** den Menschen eingebunden in die kosmische Ordnung und ist somit eine ganzheitliche Methode. Der menschliche Körper wird als ein zusammenhängendes System betrachtet, in dem alle Organe und Körperteile mit Energiebahnen miteinander verbunden sind. Gesund und vital ist der Mensch, wenn sich alle Energien in einem harmonischen Gleichgewicht befinden. Dieses Gleichgewicht erlangt der Mensch durch eine entsprechende Lebensweise, wobei der Zustand des Glücks in einer Harmonie zwischen Mensch und Natur erreicht wird.

11

Der kluge Arzt heilt nicht,
er beugt Erkrankungen vor.
(Huatuo)

Bereits im alten China hat man erkannt, dass eine ausgeglichene Lebensführung und die Vorbeugung den wichtigsten Schritt zur Gesundheit darstellen. Die Eigenverantwortlichkeit spielt dabei eine große Rolle. Jeder Mensch ist stets selber verantwortlich für sein Wohlergehen. Es geht in erster Linie nicht um die Bekämpfung von Krankheit und Leid, sondern um deren Vermeidung, wobei auch eine positive Geisteshaltung eine große Rolle spielt. Im Verlauf von über 3000 Jahren hat dieses System zur Genüge seine Wirksamkeit unter Beweis gestellt. Der große Erfolg, den die TCM in den letzten Jahren auch in Europa hat, hängt unter anderem auch damit zusammen, dass nicht das Krankheitssymptom unterdrückt, sondern der ganze Mensch, also Körper, Geist und Seele, behandelt wird.

Die chinesische Medizin erregte etwa ab dem 17. Jahrhundert auch in Europa Aufsehen, denn sie behandelte bereits seit Jahrhunderten Pocken und wandte chirurgische Eingriffe, wie etwa Schädelöffnungen, an. Später erhielt die TCM den Ruf der Rückständigkeit, weil sie weiterhin in der Tradition verhaftet blieb. Einen Ausweg sah das moderne China in der möglichst schnellen Übernahme der westlichen Medizin. Was Jahrtausende lang erfolgreich gewachsen und erprobt war, hatte plötzlich keinen Wert mehr.
Natürlich ist in der chinesischen Medizin nicht alles besser als in unserer modernen Medizin, und wir sollten uns davor hüten, ihr überirdische Heilkräfte beizumessen oder sie heilig zu sprechen. Die TCM hat ihre Grenzen, auch ihre Schwächen, aber beide Systeme (TCM und moderne Medizin) können voneinander profitieren. Im heutigen China bemühen sich daher asiatische und westliche Ärzte gemeinsam, beide Heilkünste sinnvoll zu vereinen.

Der Mensch lebt inmitten von Qi und Qi erfüllt den Menschen.
Angefangen bei Himmel und Erde bis zu den zehntausend Wesen
braucht alles Qi, um zu leben.
(Nei Jing)

Qigong, ein ganzheitlicher Gesundheitsansatz

Schon in der Schule und später in der modernen Arbeitswelt stehen wir unter immer größerem Leistungsdruck, welcher zwangsläufig zu Stress, bis hin zum berüchtigten „burn out" führen kann. Diese emotionalen Belastungen führen zu den weit verbreiteten Verspannungen im Schulter-Nackenbereich, welche sich auch negativ auf unsere Sehfähigkeit auswirken. Wenn unser Körper verkrampft ist, sind auch die Augen angespannt.

Ein ganzheitliches Sehtraining muss deshalb den ganzen Menschen mit einbeziehen und sich nicht nur auf das Trainieren der Augen beschränken. Ein entspannter Körper, insbesondere im Schulter- und Nackenbereich, ist die Voraussetzung für gutes Sehen.

Alles wahrhaft Große auf Erden
wächst aus etwas Geringem empor.
(Lieh Tse)

Qigong ist – wie z. B. auch die Akupunktur – ein Teil der Traditionellen Chinesischen Medizin (TCM). In der TCM geht man von der Vorstellung aus, dass sich im Körper Energiebahnen, die sogenannten Meridiane befinden, in denen die Lebenskraft Qi vermehrt fließt. Solange diese Energie frei fließen kann, ist der Mensch gesund. Mangel an Qi oder Stauungen des Energieflusses beeinträchtigt das Wohlbefinden oder führen zu Krankheiten. So wird z. B. jeder Schmerz als Zeichen dafür angesehen, dass eine Energieblockade vorliegt. Wird die Blockade gelöst, verschwindet der Schmerz. Das wesentliche Element aller Übungen zur Verbesserung der Sehfähigkeit ist das bewusste Entspannen von Körper und Geist. Wenn die Gedanken beruhigt sind und der Körper entspannt ist, dann fließt auch unser Qi frei und üppig und die Sehfähigkeit wird automatisch verbessert.

Es wird davon ausgegangen, dass alle Organe miteinander verbunden sind und sich gegenseitig beeinflussen. Die Heilung eines Organes kann nur dann dauerhaft gelingen, wenn das ganze System Mensch, alle anderen Organe, die Psyche und das Lebensumfeld mit einbezogen werden. So gesehen wird es verständlich, dass sich Augen-Qigong nicht nur mit den Augen beschäftigt.

13

Der Mann, der den Berg abtrug,
war derselbe, der anfing,
kleine Steine wegzutragen.
(Konfuzius)

Durch die speziell für dieses Buch ausgewählten Übungen können sich vor allem Verspannungen im Schulter-Nackenbereich
schnell wieder lösen, was sich positiv auf die Augen auswirkt.
Eine deutliche Verbesserung der Sehschärfe verlangt hingegen
schon etwas Zeit und vor allem möglichst tägliches Üben. Wenn
Sie bedenken, wie viele Jahre es dauerte, bis Ihre Augen nicht
mehr so gut funktionierten wie in Ihren ersten Lebensjahren,
dann ist es verständlich, dass eine merkliche Verbesserung seine
Zeit braucht.

Alles Leiden entsteht nur aus der Unkenntnis meiner selbst.
Selbsterkenntnis ist der Schlüssel zur Gesundheit.
(Jiro Murai)

Eigenverantwortung übernehmen ist der Schlüssel

Am Baum der guten Vorsätze gibt es viele Blüten,
aber wenige Früchte.
(Konfuzius)

Durch das Praktizieren von Qigong übernehmen Sie selber die
Verantwortung für Ihr Leben und Ihre Gesundheit, Sie geben
diese nicht ab an den Arzt oder Heiler. Dies ist ein wichtiger
Schritt, denn in vielen Untersuchungen wurde belegt, dass die
Übernahme der Eigenverantwortlichkeit einen bedeutenden Fak-
tor im Heilungsprozess darstellt. Durch eine aktive Mithilfe des
Patienten ist der Erfolg der meisten Therapien bedeutend größer
als ohne diese innere Einstellung. Wer über viele Jahre hinweg
unter Beschwerden leidet, kann durch eine Veränderung seiner
krankmachenden Lebensgewohnheiten weit mehr zur Genesung
beitragen als durch das bloße Einnehmen von ein paar Pillen.

14

In der westlichen Medizin betrachtet man immer noch den menschlichen Körper als eine Maschine. Wenn ein Teil davon defekt ist, wird dieses repariert oder durch ein Ersatzteil ausgetauscht. Dem ursprünglichen östlichen Denken ist diese Sicht fremd. Körper und Geist werden als eine unzertrennliche Einheit betrachtet, die sich gegenseitig unterstützt. So gesehen können wir eine tiefgreifende ganzheitliche Gesundheit nur erlangen, wenn auch der seelische Zustand verbessert wird. Es muss immer der ganze Mensch behandelt werden, das Austauschen eines Organs alleine reicht als Maßnahme nicht aus.

Jeder ist selbst sein bester Heiler. Damit der Körper sich selber helfen kann, braucht er vor allem Ruhe und Zeit. Doch Zeit scheint heute eine Mangelware zu sein. Wir sollten uns aber täglich genügend Zeit zur Ruhe, Entspannung oder zur Genesung reservieren. Ansonsten stiehlt uns die nächste Krankheit die Zeit, und dies ist stets die schmerzhaftere Variante des Lernens.

Nichts ist für unsere körperliche und seelische Gesundheit wichtiger, als einen Gegenpol zum Stress zu schaffen. Ausgleichend wirkt vor allem der entspannende Kontakt mit der Mutter Natur. Nichts leisten müssen, keine Rekorde aufstellen, die Seele baumeln lassen, träumen, nach den Wolken schauen, die Sonne und den Wind auf der Haut spüren. Freizeit sollte der Regeneration dienen, „sinnvoll" sein, schöne Erlebnisse vermitteln und trainierende Elemente „aktiver Erholung" mit einschließen.

Der ist kein freier Mensch,
der sich nicht auch einmal dem Nichtstun hingeben kann.
(Cicero)

Yin und Yang, die Welt der Gegensätze

Das Yin-Yang-Konzept ist die wichtigste Theorie der chinesischen Medizin. Yin bedeutet ursprünglich „die Schattenseite des Berges" und Yang die „Sonnenseite des Berges."
Auch bei uns im Westen ist das Yin-Yang-Symbol (Kreis mit dunkler und weißer Fläche) bekannt. Die dunkle Fläche repräsentiert Yin und die helle Fläche Yang.
Die kleinen Kreise innerhalb beider Flächen zeigen, dass in jeder Seite schon der Keim für das Entgegengesetzte enthalten ist. Deshalb können wir nicht behaupten, dass dies oder jenes 100 % Yin oder Yang ist. Die beiden Kräfte sind weder starr noch absolut, sondern stetig im Wandel begriffen (siehe Seite 46).
Yin und Yang sind Symbole für das Polaritätsprinzip, die Dualität und die Welt der Gegensätze. Wir können uns darunter zwei Grundprinzipien des Lebens vorstellen, gegensätzlich, jedoch einander ergänzend.

Yin	Yang
weiblich	männlich
unbewusst	bewusst
Winter	Sommer
Kälte	Hitze
dunkel	hell
schwer	leicht
weich	hart
innen	außen
Nacht	Tag
Mond	Sonne
Wasser	Feuer
passiv	aktiv
langsam	schnell
Stillstand	Bewegung
Materie	Energie

Bezogen auf den menschlichen Körper zeigt sich der Yin-Aspekt in der Substanz (d. h. Knochen, Muskeln, Organe, Blut usw.), der Yang-Aspekt in der vorhandenen Lebensenergie, in der Wärme, der Abwehrkraft und allem Geistigen.
Es gibt nur eine einzige Krankheit, und die heißt Energie-Ungleichgewicht. Jede Maßnahme, die dieses Gleichgewicht wieder herstellt, heilt.

Wenn der Geist und die Seele ruhig sind,
sind Yin und Yang in Harmonie.
(Daoistische Weisheit)

So kommen Sie in Ihre Mitte

Die Weisen griffen nicht erst dann ordnend ein,
wenn eine Krankheit ausgebrochen war;
sie ordneten dort, wo noch keine Krankheit bestand.
(Nei Jing)

Gesundheit ist stets die Ausgewogenheit von Yin und Yang sowie das freie Fließen der Körperenergie.
Krankheit ist immer ein zu viel, zu wenig oder eine Stagnationen der Körperenergien.
Das Ziel jeder Heilbehandlung liegt im Ausgleich der Yin- und Yang-Aspekte des Körpers, die sich im Krankheitsfall in Disharmonie befinden. So lauten therapeutische Anweisungen beispielsweise: „Das Heiße muss gekühlt, das Kalte erwärmt, das Stagnierende in Fluss gebracht und das Gestaute muss gelöst werden."
Wir brauchen beides, den Trubel und die Stille, die Arbeit und die freie Zeit. Wir brauchen den Sommer und den Winter, die emsige Tätigkeit und die Muße. Wir brauchen das Geben und das Nehmen, den Morgen und den Abend, die Nähe und die Distanz. Wenn wir lange Zeit zu einseitig sind, brauchen wir dringend einen Ausgleich, sonst werden wir krank, unglücklich und ungenießbar. Die Welt wird sich immer dann im Gleichgewicht befinden, wenn wir selbst in unserer Mitte ruhen.

Eine seit Jahrtausenden bewährte Methode, die Yin- und Yang-Energien auszugleichen und damit gesund zu bleiben oder Gesundheit zu erlangen, sind die nun folgenden Qigong-Übungen.

Strebe nach Ruhe,
aber durch das Gleichgewicht,
nicht durch den Stillstand deiner Tätigkeit.
(Friedrich Schiller)

Qi Gong – immer schön locker bleiben

Diese Lockerungsübungen sind eine gute Einleitung für alle weiteren Qigong-Übungen. Seit vielen Jahren praktiziere ich diese täglich nach dem Aufstehen am Morgen. Auch viele meiner Seminarteilnehmer berichten, dass diese einfachen Bewegungsübungen für sie sehr hilfreich bei Schulter-Nacken-Verspannungen und Rückenproblemen sind. Durch das Training öffnen sich auch die Meridiane (Energiebahnen), wodurch das Qi besser fließen kann und der Kreislauf in Schwung kommt.

- Die Voraussetzung für ein gutes Gelingen ist ungestörtes Üben.
- Sorgen Sie dafür, dass Sie nicht von Telefon, Handy, der Haustürklingel oder Mitbewohnern gestört werden.
- Suchen Sie sich einen Platz, an dem Sie sich wohlfühlen.
- Die folgenden Minuten gehören nur Ihnen alleine. Sie dienen Ihrem eigenen Wohlbefinden und der größtmöglichen Entspannung.
- Achten Sie bei allen Übungen darauf, sich nur im schmerzfreien Rahmen zu bewegen. Achten Sie auf die Signale Ihres Körpers.
- Versuchen Sie, vom Alltag abzuschalten und aufkommende Gedanken auf einen späteren Zeitpunkt zu vertrösten.

Die Grundhaltung

- Bitte stehen Sie ganz entspannt, die Füße parallel und in Schulterbreite.
- Jetzt sanft die Knie beugen und dabei das Becken leicht nach vorne kippen (das Hohlkreuz lösen).
- Achten Sie darauf, dass die Bauchmuskulatur locker bleibt.
- Die Fußsohlen sind gleichmäßig belastet.
- Schultern und Arme bleiben entspannt.
- Entspannen Sie Ihr Gesicht und lächeln Sie.
- Durch die Kraft des Lächelns entspannt sich jede Körperzelle. Sie kommen in Ihre Mitte, stehen mit beiden Beinen fest auf dem Boden.

1. Übung: Schläger schlagen die Trommel
- Sie stehen aufrecht und **drehen den Oberkörper um die eigene Mittelachse**, abwechselnd nach links und rechts.
- Die Bewegung kommt aus der Wirbelsäule und die Arme hängen locker, seitlich vom Körper.
- Sie spüren Ihre Wirbelsäule als bewegliche Dreh- und Mittelachse.
- Die lockeren Arme und Hände trommeln dabei durch die Fliehkraft wie von selbst auf den Körper.
- Die Hände und Handgelenke sind ganz entspannt. Die Arme sind locker und beweglich, wie aus Gummi.
- Die Schultern und der Nackenbereich sind ganz entspannt.
- Ihre Füße stehen fest auf dem Boden, die Knie leicht gebeugt.
- Wenn Sie möchten, können Sie dabei die Augen schließen und in die Wirbelsäule reinspüren.
- Spüren Sie die feine Bewegung. Die Wirbelsäule wird immer elastischer und geschmeidiger.
- Kommen Sie nach ca. fünf Minuten langsam zur Ruhe. Lassen Sie die Bewegung immer kleiner werden.
- Genießen Sie die Nachwirkung der Übung noch in der Ruhe.

2. Übung: **dehnen und strecken**

- Die Finger verschränken und die Hände nah am Körper nach oben führen. In Kopfhöhe die Handflächen nach oben drehen, auf die Zehenspitzen stellen und **den Himmel stützen**.

- Wieder in einen sicheren Stand zurückkehren, die ausgestreckten Arme nach unten führen, bis die Handflächen zur Erde zeigen.
- Nun den Oberkörper langsam, Wirbel für Wirbel beugen, bis die Handflächen fast den Boden berühren (die Hände nur so weit nach unten bewegen wie es schmerzfrei möglich ist).

- Beim langsamen Aufrichten des Oberkörpers die Handflächen nahe an den Beinen hochführen.
- In der Grundhaltung ein paar Sekunden verbleiben und dann die Übung wiederholen.
- Wiederholen Sie diese Übung sechsmal.

Cross Crawl – Überkreuz bewegen

Gutes Sehen ist vor allem eine Leistung des Gehirns. Ist unser Gehirn gut vernetzt, dann können wir auch gut sehen. Überkreuzbewegungen stärken in erster Linie die Integration der Gehirnhälften, weshalb ich Cross Crawl auch Schülern und Studenten all jenen, die viel lernen möchten empfehle.

Dazu eine kleine Geschichte: Diese Übung lernten ich und meine damalige Lebenspartnerin 1995 auf einem Kinesiologie-Seminar kennen. (Die Kinesiologie ist, vereinfacht ausgedrückt, die Lehre von der Bewegung und sie basiert auf dem Wissen der TCM.) Wir waren sofort begeistert von der positiven Wirkung und wollten natürlich auch den damals achtjährigen Alexander von der positiven Wirkung überzeugen. Seine Antwort: „Ihr glaubt doch nicht im Ernst, dass ich bessere Noten schreibe, wenn ich diese Übung mache." Wir fanden es schade, dass er noch nicht einmal einen Versuch wagen wollte, und legten unser Vorhaben, ihm zu besseren Noten zu verhelfen, zu den Akten. In der Folgezeit sah ich Alexander aber immer wieder einmal vor der Schule heimlich diese Übung praktizieren. Auch sein Notendurchschnitt wurde merklich besser.

3. Übung: Cross Crawl

- Stehen Sie stehen aufrecht, die Füße schulterbreit.
- Bewegen Sie sich überkreuz. Zuerst den rechten Ellbogen zum linken Knie, dann den linken Ellbogen zum rechten Knie. zehnmal wiederholen.
- Achten Sie dabei auf Ihr Wohlergehen. Lassen Sie sich Zeit, Sie müssen sich nicht verbiegen, Ihre Ellbogen müssen **nicht** die Knie berühren. Es geht lediglich um den überkreuzten Bewegungsablauf.

Für alle Kreaturen gibt es eine Zeit des Fortschreitens
und eine des Rückzugs,
eine Zeit zum Einatmen und eine Zeit zum Ausatmen,
eine Zeit zum Erstarken und eine für den Zerfall,
eine Zeit für Schöpfung und eine für Zerstörung.
Darum meidet der Weise alle Extreme
und verliert sich nicht.
Die dem Dao folgen,
vermeiden Extremes und erschöpfen sich nicht.
Wie Samen werden sie stets erneuert.
(Laotse)

Die tägliche Übungspraxis

Der Frühling ist die wichtigste Zeit des Jahres
und der Morgen die wichtigste Zeit des Tages.
(Chinesisches Sprichwort)

Die beste Zeit für das tägliche Training ist frühmorgens, direkt nach dem Aufstehen. Dies ist die wichtigste Zeit des Tages. Wer den Tag positiv beginnt, wird auch einen guten Tag erleben. Einfach den Wecker eine viertelstunde früher stellen genügt, und schon ist die Zeit da. Wer morgens Probleme mit dem Aufstehen hat, kann das Training natürlich auch abends nachholen. Die Erfahrung zeigt aber, dass dies eher von Nachteil ist. Nach einem langen Arbeitstag fällt es vielen schwer, sich abends noch für das Üben zu begeistern; unser Geist ist dann sehr kreativ im Erfinden von Ausreden. Auch kreisen die Gedanken dann oft noch um Tagesereignisse, das Abschalten fällt schwer und somit wird die Konzentration auf den Übungsablauf verhindert.

Das tägliche Praktizieren der Qigong-Lockerungsübungen ist keine verlorene Zeit. Sie ersparen sich dadurch vielleicht den einen oder anderen Weg zum Arzt oder in die Apotheke, ganz zu schweigen von den dadurch entstehenden Kosten. Wenn es Ihnen gelingt, mindestens einen Monat lang mit dem Training durchzuhalten, werden Sie feststellen, dass sich Ihr Leben positiv verändert.

Es ist nicht wenig Zeit, die wir haben;
sondern es ist viel Zeit, die wir nicht nutzen.
(Seneca)

Mit Qigong am Morgen tanken Sie Energie für den Tag und erhöhen somit die Leistungsfähigkeit. Das seelische Gleichgewicht wird gefördert, da der Körper das Glückshormon Serotonin ausschüttet. Außerdem stellt sich ein gutes Gefühl ein, schon etwas Gutes für die Gesundheit getan zu haben. Es ist ein großer Unterschied, ob Sie morgens geübt haben oder nicht. Nach dem Qigong-Training gehen Sie gestärkt in den Tag und andere Menschen spüren das.

Beim Qigong muss sich niemand quälen, die Übungen sind kein „Kampf", sondern ein Spiel, eine achtsame Beschäftigung mit dem eigenen Körper. Wenn Sie sich wohl fühlen und es Ihnen Spaß macht, fällt es Ihnen auch leicht, sich täglich neu zu motivieren. Da morgens der Bewegungsapparat noch kalt und nicht so gut durchblutet ist, ist es sowieso wichtig, es nicht mit dem sportlichen Ehrgeiz zu übertreiben. Besonders für ältere oder verspannte Menschen ist das morgendliche Training ein bewährtes Mittel, um langfristig fit und beweglich zu bleiben.

In diesem Buch stelle ich Ihnen viele verschiedene Übungen vor. Diese haben sich in meiner Praxis bewährt. Aus diesem Pool können Sie sich Ihr eigenes Übungsprogramm zusammenstellen. Setzen Sie sich nicht unter Druck. Sie müssen nicht alle Übungen auf einmal praktizieren.

Was du am Morgen versäumst, schaffst du am Tag nimmermehr.
(Aus Deutschland)

Der häufigste Fehler, den Anfänger begehen, ist das Zähnezusammenbeißen. Ich beobachte oft, dass Seminarteilnehmer mit zu viel Kraftaufwand ans Werk gehen. Sie sollten sich jedoch immer nur ganz langsam, im Wohlfühlbereich, bewegen. Bedenken Sie: Immer wenn Sie liebevoll handeln, d. h. sich einer Tätigkeit mit voller Achtsamkeit zuwenden, wird diese Handlung zu einem Erfolg führen.
In meiner langjährigen Praxis als Übungsleiter habe ich noch nie Teilnehmer dazu aufgefordert, sich schneller zu bewegen. Dagegen fordere ich in jedem Seminar zur Langsamkeit auf. In der Langsamkeit liegt die wahre Heilkraft, denn es ist leichter, in einer Zeitlupenbewegung bewusst zu bleiben, als bei einem 100-Meter-Sprint. Also lassen Sie sich Zeit und vor allem: Genießen Sie die Zeit. Nehmen Sie den Körper bewusst wahr, konzentrieren Sie sich auf die Bewegung, auf den Rhythmus und schalten Sie ab von den Alltagsdingen. Je achtsamer und bewusster Sie agieren, desto heilsamer wirkt Qi Gong.

Es gibt wichtigere Dinge im Leben,
als beständig dessen Geschwindigkeit zu erhöhen.
(Mahatma Gandhi)

Entspannte Schultern und Nacken

Wirklich Großes ist nie kompliziert.
(Chinesische Weisheit)

Über viele Jahre hinweg litt ich unter sehr schmerzhaften Verspannungen im Schulter-Nackenbereich, Kopfschmerzen, und meine Sehschärfe verschlechterte sich stetig. Vieles habe ich ausprobiert und wieder verworfen. Der nun folgenden Übungsreihe habe ich es jedoch zu verdanken, dass ich heute beschwerdefrei bin. Auch meine Seminarteilnehmer berichten immer wieder, dass es sich hierbei um eine sehr wirkungsvolle Methode handelt.

Unsere Halswirbel sind ein sensibler Bereich. Bei Verspannungen der Hals- und Nackenmuskulatur ist diese Stelle verengt, wodurch das Gehirn mit Qi unterversorgt wird. Die Folgen sind Schulter- und Nackenverspannungen, Kopfschmerzen, Schlafstörungen sowie Augenbeschwerden.

In der chinesischen Medizin wird der letzte Halswirbel als die „geheime Pforte zur Wahrheit" oder als „die Prominenz" bezeichnet. Hält man diese Region beweglich, locker und durchlässig, erreichen wir ein jugendliches Aussehen, und es wird die Verbindung zwischen Herz und Intellekt gefördert.

Konzentriere Dich auf wesentliche Dinge
und lebe mit Dir und der Welt in Frieden.
(Seneca)

Schöne neue Welt – Fernsehen und Computer
In den letzten Jahrzehnten hat sich in unserer Gesellschaft ein tiefgreifender Wandel vollzogen. Hatten unsere Vorfahren als Bauern, Handwerker o. ä. noch viel Bewegung an frischer Luft, so sind wir heute zum Stubenhocker geworden. Schon Kinder sitzen täglich stundenlang in der Schulbank, dann über den Hausaufgaben und später vor Computer und Fernseher. Bei Erwachsenen sieht der Alltag nicht besser aus.
Bei der Arbeit am Bildschirm schauen wir ständig auf eine zweidimensionale aufrechte Fläche. Normalerweise ist das Sehen jedoch dreidimensional. Beim Blick in die Ferne ist das Auge in einem entspannten Zustand; wenn er auf eine kleine naheliegende Fläche gerichtet ist, werden die Augenmuskeln angespannt. Durch eine starre Körperhaltung verkrampft sich dann auch

zwangsläufig die Schulter- und Nackenmuskulatur. Um gut zu sehen, ist eine entspannte Schulterpartie eine Grundvoraussetzung. Die folgenden Übungen helfen Ihnen bei geringem Zeitaufwand, die Spannungen zu lösen. Sie gewinnen dadurch mehr Lebensfreude, Lebensqualität und werden beweglicher.

Nicht das Wesentliche kostet Kraft,
sondern das Unwesentliche drumherum.
(Quelle unbekannt)

Übungen für einen gesunden Rücken
Die nun folgende Übungsserie soll Ihnen zur Entspannung des Rückens und der Schulterpartie verhelfen. Ein regelmäßiges Praktizieren führt Sie immer schneller in eine Art Tiefenentspannung.
Die folgenden Minuten gehören nur Ihnen alleine, Sie dienen Ihrem Wohlbefinden und der größtmöglichen Entspannung. Achten Sie bei allen Übungen darauf, sich nur im schmerzfreien Rahmen zu bewegen. Beachten Sie die Signale Ihres Körpers!

- Suchen Sie sich einen Platz, an dem Sie sich wohlfühlen.
- Sorgen Sie dafür, dass Sie ungestört bleiben; Telefon, Handy und Haustürklingel ausschalten.
- Bitte setzen Sie sich auf einen Stuhl oder Hocker, am besten vorne auf die Stuhlkante. Stellen Sie die Füße hüftbreit und parallel. Die Unterschenkel bilden mit den Oberschenkeln einen rechten Winkel. Die Hände ruhen ganz locker auf den Oberschenkeln, mit den Handflächen nach oben.
- Wenn Sie tagsüber viel sitzen müssen, ist es besser, die Übungen im Stehen auszuführen. Stellen Sie sich aufrecht hin, die Füße schulterbreit und die Knie leicht gebeugt.
- Bitte die Augen schließen und geschlossen halten. Entspannen Sie sich, schalten Sie ab vom Alltag. Aufkommende Gedanken auf einen späteren Zeitpunkt vertrösten! Der Atem fließt ruhig und gleichmäßig durch die Nase ein und aus.
- Ihr Gesicht ist entspannt, versuchen Sie zu lächeln.

Der Tag, an dem du einen Entschluss fasst,
ist ein Glückstag.
(Aus Japan)

Die Schulter-Nacken-Entspannungsübungen

1. Übung: den Kopf senken und wieder anheben

Senken Sie den Kopf ganz langsam im Zeitlupentempo mit dem Kinn Richtung Brust, dann den Kopf wieder heben.

Wiederholen Sie diese Übung achtmal. Bewegen Sie sich immer nur im schmerzfreien Rahmen. Ihr Wohlbefinden ist ausschlaggebend dafür, wie weit Sie sich bewegen können.

Während des Trainings mit der Aufmerksamkeit in den Nackenbereich hineinspüren.

2. Übung: den Kopf zur Seite drehen

Stellen Sie sich vor, dass sich Ihr Kopf ganz leicht und schwerelos anfühlt.

Drehen Sie ihn ganz langsam nach links. Je langsamer und bewusster Sie sich bewegen, desto größer ist die Heilkraft.

Anschließend wieder nach rechts drehen. Richten Sie dabei Ihre Aufmerksamkeit auf den Nackenbereich.

Wiederholen Sie die Übung achtmal.

Bitte entscheiden Sie selbst, wie weit Sie gehen können. Etwaige Schmerzen haben eine Warnfunktion: bis hierher und nicht weiter. Sie sollten sich wohlfühlen.

1. Den Kopf senken   2. Den Kopf zur Seite drehen

3. Übung: den Kopf seitwärts neigen

Neigen Sie Ihren Kopf ganz langsam und gleichmäßig nach links, so dass sich das Ohr Richtung Schulter bewegt. Nur so weit, wie es sich für Sie gut anfühlt.
Anschließend den Kopf in die Gegenrichtung neigen.
Sie spüren dabei in den Nackenbereich und bewegen sich ganz behutsam, langsam und gleichmäßig.
Wiederholen Sie die Übung achtmal.

4. Übung: Schulterkreisen nach hinten

Lassen Sie Ihre Arme ganz locker seitlich am Körper hängen. Die Schultern sind ganz entspannt.
Beginnen Sie mit dem Schulterkreisen nach hinten. Vorne die Schultern hochziehen und hinten senken. Ganz langsam und gleichmäßig.
Nach ein paar Wiederholungen die Arme und Schultern wieder ganz locker und entspannt hängen lassen.

5. Übung: Armkreisen

Beginnen Sie damit, den linken Arm nach vorne zu kreisen. Ganz langsam und gleichmäßig wie eine Windmühle bei leichtem Wind.
Nach ein paar Wiederholungen nach hinten kreisen.
Zum Stillstand kommen und mit dem rechten Arm nach vorne kreisen. Nach ein paar Wiederholungen nach hinten kreisen.

6. Übung: die Schultern nach hinten dehnen

Lassen Sie die Arme seitlich am Körper hängen. Die Schultern sind entspannt, Sie atmen ganz langsam und gleichmäßig.
Die Handflächen langsam nach außen drehen und dabei die Schultern nach hinten dehnen.
Die Spannung kurz halten und dann locker lassen.
Beim „Nach-hinten-dehnen" einatmen und beim Loslassen ausatmen.
Wiederholen Sie die Übung achtmal.

7. Übung: die Schultern hochziehen und fallen lassen

Beim Einatmen die Schultern hochziehen und beim Ausatmen fallen lassen.
Die Übung 3-4mal wiederholen.

3. Den Kopf seitwärts neigen

5. Armkreisen

6. Die Schultern nach hinten dehnen

Glück entsteht oft
durch Aufmerksamkeit
in kleinen Dingen.
Unglück oft durch die Vernach-
lässigung kleiner Dinge.
(Wilhelm Busch)

Abschlussübung – Die Entspannungsphase

Bleiben Sie noch ein paar Minuten entspannt stehen (oder sitzen), konzentrieren Sie sich auf Ihre Nackenregion und spüren Sie die wohltuende Wärme.

Ihr Kopf fühlt sich leicht an, als würde er schweben. Die Gesichtszüge sind entspannt, versuchen Sie zu lächeln, so wie Sie einem geliebten Menschen zulächeln.

Richten Sie nun Ihre Aufmerksamkeit auf den Atem. Atmen Sie ganz langsam und gleichmäßig durch die Nase ein und aus.

Beim Einatmen spüren Sie, wie die frische Luft die Nasenöffnungen etwas kühlt.

Beim Ausatmen erwärmt die warme Luft aus dem Körper die Nasenöffnungen.

Beobachten Sie so lange (ca. fünf Minuten und mehr) Ihren Atem, bis Sie das Gefühl bekommen, dass es Zeit wird, die Übung zu beenden.

Beginnen Sie, Ihre Hände kräftig aneinander zu reiben!

Reiben Sie Ihr Gesicht! Massieren Sie Ihre Ohren zwischen Daumen und Zeigefinger. Strecken Sie die Arme hoch, dabei tief ein- und ausatmen.

Öffnen Sie die Augen! Sie sind hellwach.

Die einfachen Dinge
sind auch die außergewöhnlichsten Dinge,
aber nur weise Menschen können sie sehen.
(Paulo Coelho)

Qigong auf der Arbeit

Die Menschheit wird erst glücklich sein,
wenn der Mensch seine Künstlerseele entdeckt,
das heißt,
wenn seine Arbeit ihm Freude macht,
wenn er seinem Leben einen Inhalt gibt.
(Auguste Rodin)

Bei manchen Leserinnen und Lesern löst die Vorstellung, Qigong im Büro zu praktizieren, möglicherweise Verwunderung aus, beginnen doch die meisten Geschichten über Qigong ganz idyllisch im Park. Das ist sicherlich ein Aspekt, aber für uns Menschen im Westen, die wir nicht in Klöstern leben, stehen zunächst andere Dinge im Vordergrund: Bewältigung des Alltags mit Arbeit, Stress und häufig Überlastung, Hilfe bei kleineren und größeren Beschwerden und eventuell auch Unterstützung bei der persönlichen Weiterentwicklung.

In unserem westlichen Kulturkreis hat sich in den letzten Jahrzehnten ein tiefgreifender Wandel vollzogen. Wir verbringen im Durchschnitt 14 Stunden täglich im Sitzen. Unsere Vorfahren verbrachten diese Zeit meist mit körperlicher Arbeit in freier Natur. Die Manipulation beginnt schon in der Schule, indem der natürliche Bewegungsdrang unterdrückt und stundenlanges Stillsitzen gefordert wird. Später im Berufsleben stehen viele von uns unter permanentem Erfolgs- und Leistungsdruck und somit unter Anspannung. Das Bedürfnis nach körperlicher und geistiger Entspannung ist groß.

Die Polarität von Spannung und Entspannung im Bereich des Lebendigen leben wir in einem Wechselspiel der beiden Pole Yin und Yang (Entspannung – Anspannung). Es ist daher unmöglich, in vollkommener Entspannung zu leben. Erstrebenswert ist es jedoch, einen Ausgleich zu schaffen, um eine Daueranspannung mit all ihren körperlichen und seelischen Folgen zu vermeiden. Viele unserer bekannten Sportarten bieten nicht den gewünschten Effekt. Nach einem Arbeitstag unter Leistungsdruck setzen wir uns beim Sport nochmals unter Druck, wollen uns und anderen etwas beweisen. Besser geeignet sind daher alle ganzheitlichen Methoden wie Qigong.

Die in diesem Buch vorgestellten Übungen sind einfach und doch wirksam. Sie können ohne großen Platzbedarf in den Pausen direkt am Schreibtisch oder in einer ruhigen Ecke im Büro geübt werden. Typische Beschwerden wie Rückenschmerzen, Schulter- und Nackenverspannungen, Kopfschmerzen, Augenbeschwerden, Schlafstörungen und damit einhergehende Müdigkeit tagsüber, Kreislaufbeschwerden und Atemwegserkrankungen durch Klimaanlagen werden durch regelmäßiges Training gemindert oder geheilt.

Tipps und Tricks am Arbeitsplatz

Viele klettern so schnell, dass sie gar nicht merken,
dass sie auf den falschen Berg gestiegen sind.
(Buddhistische Weisheit)

Die „Fünf-Minuten-Auszeit"

Neben den Pausen, in denen Sie viel für das persönliche Wohlergehen tun können, ist es auch sinnvoll, sich hin und wieder eine Auszeit zu gönnen. Dies ist die Zeit für die Seele, um Körper und Geist zu entspannen. Zeit, den Körper zu recken und zu strecken, die Schultern und den Nacken zu dehnen, zu bewegen und den Augen eine Erholungsphase zu gönnen. Sie fühlen sich danach wieder frisch und energiegeladen. Sie übernehmen dabei bewusst die Verantwortung für Ihre Gesundheit, lernen, neue Kraft zu schöpfen und die körpereigenen Selbstheilungskräfte zu stimulieren.

Wieder den Boden unter den Füßen spüren

Bei der Kopfarbeit kommt es schnell vor, dass uns „der Kopf raucht", das heißt, dass sich unser Qi im Kopf staut. Um diese Stauung abzuleiten, sind folgende Übungen hilfreich:

- Stellen Sie sich aufrecht hin und strecken und dehnen Sie sich genüsslich.
- Gehen Sie ein paar Minuten ganz **langsam** und **bewusst** durch den Raum, spüren Sie wieder den Boden unter Ihren Füßen. Konzentrieren Sie sich dabei ausschließlich auf die Fußsohlen.
- Setzen Sie sich bequem auf die vordere Stuhlkante.
- Die Füße sollten den Boden berühren und die Wirbelsäule ist gerade aufgerichtet. Schließen Sie die Augen.

- Stellen Sie sich vor, dass die Anspannung beim Ausatmen vom Kopf nach unten fließt, durch den Körper zu dem Punkt „Sprudelnde Quelle", in die Mitte der Fußsohlen.
- Wiederholen Sie diese Übung ein paar Minuten lang und legen Sie zum Abschluss Ihre Hände auf das Dan Tian (unterhalb vom Bauchnabel).

Die Freundschaft mit sich selbst
ist ganz wichtig,
weil man ohne sie
mit keinem anderen Menschen auf der Welt
befreundet sein kann.
(Eleanor Roosevelt)

Tipps für die Arbeit am Bildschirm

Wenn man den Blick nicht hebt,
wird die Schreibtischplatte zum Brett vorm Kopf.
M. Strahl

Bei der Arbeit am Bildschirm schauen wir ständig auf eine zweidimensionale, aufrechte Fläche. Normalerweise ist das Sehen dreidimensional. So blicken wir stundenlang auf diese kleine und naheliegende Fläche, was die Augenmuskeln anspannt. Wenn wir dagegen mit dem Blick in die Ferne schweifen, ist die Augenmuskulatur entspannt.

Sind unsere Augen überanstrengt vom langen Lesen oder der Bildschirmarbeit, nehmen wir oft unbewusst eine verkrampfte Körperhaltung ein, die Nackenmuskulatur verspannt sich. Durch diese Verspannung wird vor allem der Kopf energetisch unterversorgt, das heißt, der natürliche Energiefluss ist blockiert. Die Folgen können sich äußern in Kopfschmerzen, Migräne, Müdigkeit und der Zunahme von Augenproblemen. Ein Teufelskreis, den Sie nur durch Ruhe und Entspannungszeiten unterbrechen können. Gönnen Sie Ihren Augen deshalb öfter mal eine kleine Pause, schließen Sie die Augen, entspannen Sie dabei bewusst die Gesichtszüge und genießen Sie diese Auszeit. Oder lassen Sie den Blick auch mal in die Ferne schweifen, heben Sie dabei die Arme über den Kopf und strecken Sie den ganzen Körper. Sie werden sich danach wieder besser fühlen.

Unser Körper, die Gliedmaße und die Augen sind darauf abgestimmt, sich zu bewegen. Die vielen Apparate, derer wir uns täglich bedienen, verlangen von uns, dass wir nur minimale Bewegungen ausführen. Neue Krankheitsbilder, wie der „Mausarm" oder „Mausfinger", treten immer häufiger auf. Das lange Stillsitzen nimmt uns die Wirbelsäule krumm. Solche Probleme fallen nicht aus heiterem Himmel über uns, sondern sind Zeichen von einer lang andauernden Überbelastung sowie von eintönigen Bewegungsmustern. Wir versteifen uns förmlich und geben unserem Körper nicht den so dringend benötigten Ausgleich in Form von Erholungspausen und Entspannungsübungen.

Bewegung überwindet das Kalte.
Ruhe überwindet das Heiße.
Ruhe und Gelassenheit bringen Ordnung
in die Dinge des Universums.
(Laotse)

- Langes Sitzen schadet der Figur und der Gesundheit. Aber nun die gute Nachricht: Neueste Studien zeigen, dass schon mehrere kurze Unterbrechungen von ein paar Minuten den Taillenumfang und das Risiko von Herzerkrankungen reduzieren. Diese kleinen Auszeiten sind auch Medizin für Ihre Augen.

- Stehen Sie öfters mal auf und gehen Sie ein paar Schritte durch den Raum. Nur was sich bewegt ist lebendig. Stillsitzen und auf einen Punkt starren ist eine Folter für Körper und Seele. Es ist eine so große Belastung, als würden Sie täglich einen Marathonlauf absolvieren.

- Führen Sie möglichst viele Arbeiten im Stehen aus.

- Sitzen Sie dynamisch und wechseln Sie öfters die Sitzposition.

- Heben Sie hin und wieder die Arme hoch über den Kopf und strecken Sie den ganzen Körper ausgiebig.

- Bringen Sie Bewegung in Ihren Körper. Bewegen Sie Ihren Kopf, lassen Sie Ihre Augen in der Umgebung umherschweifen.

- Das Telefonieren können Sie immer wieder einmal ins Stehen verlagern.

- Versuchen Sie ein paar der im Buch vorgestellten Übungen fest in den Arbeitsalltag zu integrieren. Nutzen Sie die Arbeitspausen auch dazu, um ein paar der Schulter-Nacken-übungen auszuführen.

- Ideal ist ein Arbeitsplatz, der einen Blick durchs Fenster ins Grüne zulässt. Ist dies nicht möglich, können auch ein paar Grünpflanzen helfen. Die grüne Farbe wirkt entspannend auf die Augen (s. a. Thema Holzelement, S. 48).

- Ein schönes Bild, mit dem Sie etwas Angenehmes verbinden, kann auch Wunder bewirken. Bewährt haben sich grüne Landschaftsmotive.

- Wer auf Dauer Dinge tut, die er eigentlich nicht tun möchte, in denen er keinen Sinn sieht oder die er vielleicht hasst, wird davon krank werden. Finden Sie deshalb in allem, was Sie tun, einen Sinn. Finden Sie heraus, was Sie lieben, und tun Sie das, was Sie lieben.

- Lachen ist wichtig, denn es entspannt die Kiefernmuskeln und das wiederum wirkt sich auf die Augenmuskulatur aus. Gähnen, recken und strecken Sie sich, das lockert die Kiefernmuskeln und regt die Produktion von Tränenflüssigkeit an. Beim Augentraining geht es darum Muskeln loszulassen, von denen wir bislang nicht wussten, dass wir sie haben.

Entspannte Augen

- Setzen Sie sich ganz entspannt auf einen Stuhl. Lehnen Sie sich bequem an die Stuhllehne (die Brille ablegen).
- Reiben Sie ein paar Minuten lang Ihre Hände warm.
- Bedecken Sie nun mit den Handtellern die Augen.
- Genießen Sie ein paar Minuten lang die entspannende Wärme.
- Das Warmreiben der Hände und das anschließende Bedecken der Augen kann dreimal wiederholt werden.

Erst schließen wir die Augen und dann sehen wir weiter.
(Unbekannt)

35

Entspannen durch den Fernblick

Ganz gleich ob bei der Bildschirmarbeit, beim Lesen, Kochen oder Nähen, die Augen sind gezwungen, im Nahbereich zu sehen. Dadurch sind die Augenmuskeln ständig angespannt (Dauerakkomodation). Dies führt zu chronischen Verspannungen und zu schlechtem Sehvermögen. Gewöhnen Sie sich deshalb an, regelmäßig ein paar Minuten lang den Blick in die Ferne schweifen zu lassen. Am angenehmsten ist für die Augen der Blick hinaus ins Grüne. Noch besser ist es, öfter einmal hinauszugehen und sich ein paar Minuten im Freien zu bewegen und dabei tief durchzuatmen. Frische Luft und Sauerstoff sind für die Augen besser als Raum- oder Büromief.

Die Augen befeuchten durch bewusstes Blinzeln

Für gesunde Augen ist eine ausreichende Versorgung mit Tränenflüssigkeit von großer Bedeutung. Bei dieser Flüssigkeit handelt es sich um ein Sekret, welches in Drüsen am Auge produziert wird. Gesteuert werden die Tränen produzierenden Drüsen von unserem vegetativen Nervensystem. So beeinflusst Stress auch die Zusammensetzung und die Menge der Tränenflüssigkeit. Verminderter Lidschlag und starrer Blick, wie er bei der Bildschirmarbeit oder beim Lesen zwangsläufig entsteht, führen zu trockenen Augen. Sind die Augen zu trocken, werden diese unzureichend „geschmiert" und sind mit Nährstoffen unterversorgt. Stressreduktion, Entspannung und Augenübungen sorgen wieder für eine gute Nährstoffversorgung der Augen.

Die einfachste und am schnellsten wirksame Methode ist das bewusste Blinzeln. Immer mal wieder bei der Bildschirmarbeit den Körper strecken, gähnen und blinzeln.

Das Gähnen nicht unterdrücken

Ich erlebe immer wieder, dass Seminarteilnehmer bei verschiedenen Qigong-Übungen gähnen müssen. Oft ist es ihnen peinlich, da sie glauben, Gähnen in der Gegenwart Anderer sei unhöflich. In Wirklichkeit ist es aber ein positives Zeichen für mich als Qi Gong-Lehrer. Es sagt mir, dass das Qi des Schülers im Fluss ist, es ist ein Signal der Entspannung, vor allem wenn es laut hörbar geschieht. Darum unterdrücken Sie auch nicht den spontanen Gähnreflex bei der Arbeit. Gähnen Sie nach Herzenslust. Dadurch entspannt sich Ihr Körper, der Geist, Ihr Qi kommt in Fluss, vielleicht läuft die Nase oder die Augen beginnen zu tränen.

Es geht auch mal oben ohne

Immer wenn Sie nicht hundertprozentig klar sehen müssen, können Sie die Brille auch ablegen. Damit geben Sie den Augen die Gelegenheit, ihre Sehschärfe natürlich, ohne „Krücken", anzupassen. Die einzige „Nebenwirkung": Vielleicht müssen Sie dann öfter einmal Ihre Brille suchen, was aber auch eine gute Gedächtnisübung ist.

Gott hat uns die Augen geschenkt, aber auch Augenlider.
(Unbekannt)

Sonnenmeditation:
Entspannen Sie Ihre Augen mit Sonnenwärme

- Gehen Sie einmal hinaus auf den Balkon – oder noch besser: in die freie Natur. Setzen Sie sich bequem an einen ruhigen Ort, mit dem Gesicht in Richtung Sonne.
- Schließen Sie die Augen, entspannen Sie sich. Atmen Sie tief ein und lassen Sie beim Ausatmen alle Anspannung los. Dies können Sie zwei- bis dreimal wiederholen.
- Spüren Sie nun die Wärme der Sonnenstrahlen auf Ihren Augenlidern. Entspannen Sie Ihr Gesicht. Lächeln Sie und genießen Sie diesen kostbaren Augenblick.
- Stellen Sie sich vor, wie die Kraft und Wärme der Sonnenstrahlen die Augenmuskeln entspannt und die Augen heilt.
- Dieser Moment gehört Ihnen alleine!
- Wenn Sie genug Wärme getankt haben, senken Sie den Kopf, um nicht direkt in die Sonne zu blicken, wenn Sie die Augen wieder öffnen.

Was immer du tun kannst,
oder träumst es zu können,
fang damit an!
Mut hat Genie, Kraft und Zauber in sich.
(Johann Wolfgang Goethe)

Spüren, was belastet

Dinge wahrzunehmen, ist der Keim der Intelligenz.
(Laotse)

Eine der wichtigsten Fähigkeiten, die wir durch regelmäßiges Training erreichen, ist das Spüren. Wenn wir lernen, uns wirkungsvoll zu entspannen, dann spüren wir auch, wenn wir verspannt sind. Der Schmerz ist die Sprache unseres Körpers und seiner Seele. Wenn die Seele leidet, dann schickt sie uns als Botschaft: Schmerz.

Oft wird die Reaktion der Seele auf Stress und Überlastung unterschätzt. Der Körper spiegelt aber deutlich inneren und äußeren Druck wider. Wer gestresst ist, neigt zu einer verkrampften Haltung und der Schmerz ist vorprogrammiert. Ableiten können wir dies auch von unserer Sprache: Vielleicht *„sitzt uns ein Termin im Nacken"*, wir sind *„starrköpfig"*, *„hartnäckig"* oder *„das wird dir irgendwann das Kreuz brechen"*. Denn alles, was wir uns auf die Schultern laden (lassen), drückt und wird irgendwann zur Last. Es sind vor allem jene Verpflichtungen, die wir unbewusst und unwillig mit uns herumschleppen, die uns das Leben erschweren.

Der Mensch ist ein Bewegungsnaturell. Wird dieser natürliche Bewegungsdrang unterdrückt, wie es nun einmal bei der Arbeit am Computer geschieht, dann ist dies eine große Belastung, vor allem für die Wirbelsäule und die Augen. Fehlhaltungen, Verspannungen, Verkrampfungen, Sehstörungen und Schmerzen sind vorprogrammiert. Zum Ausgleich müssen Körper, Geist und Seele entspannt, sowie Muskeln, Sehnen und Bänder gestärkt und aufgebaut werden, und zwar täglich.

Interessant ist auch die Erfahrung, dass die Ursache für Schmerz und Leid nicht unbedingt dort zu suchen ist, wo wir Schmerzen empfinden. Die grundlegende Ursache kann an ganz anderen Stellen im Körper oder im Leben verborgen sein. Aber auch hierbei hilft Qigong, da die alten und erprobten Übungen stets den gesamten Körper und seinen Geist mit einbeziehen. Sie erlernen eine bessere Körperwahrnehmung, erkennen frühzeitig Verspannungen und sind in der Lage, aktiv zu entspannen. Das Spüren einer Belastung ist außerdem eine gute Motivation zum regelmäßigen Training.

Die Weisheit des Lebens
besteht im Ausschalten der unwesentlichen Dinge.
(Aus China)

Übungen: Fit im Büro

Die folgenden zehn Übungen sind einfach und entspannen wirkungsvoll. Lassen Sie sich dafür Zeit. Wenn Sie alle Übungsschritte verinnerlicht haben, dauert das Training nur wenige Minuten. Dies ist eine gute Investition in Ihre Gesundheit und Lebensfreude.

1. Becken kippen
Setzen Sie sich vorne auf die Stuhlkante.
Beim Einatmen: Kippen Sie Ihr Becken im Zeitlupentempo so, dass sich der Unterbauch (Dan Tian) nach vorne bewegt. Sie sitzen nun im Hohlkreuz. Beim Ausatmen: Lösen Sie das Hohlkreuz, indem Sie das Becken langsam in die Gegenrichtung kippen.
Bewegen Sie sich ganz langsam und gleichmäßig.
Die Übung achtmal wiederholen.

2. Handgelenke aktivieren
Strecken Sie Ihre Arme in Schulterhöhe nach vorne, die Hände mit den Fingerspitzen nach oben und dann nach unten bewegen.
Die Übung achtmal wiederholen
Achten Sie darauf, zwischen den Übungen immer einmal die Hände auszuschütteln.

3. Gegenläufige Bewegung der Hände
Die gleiche Bewegung ausführen wie in 2., aber gegenläufig. Das heißt: Die Finger einer Hand schauen nach oben und die Finger der anderen Hand zeigen nach unten.
Die Übung achtmal wiederholen.

4. Finger spreizen und Fäuste ballen
Die Arme sind immer noch in Schulterhöhe ausgestreckt. Nun abwechselnd die Finger spreizen und Fäuste ballen.
Die Übung achtmal wiederholen.

5. Gegenläufiges Spreizen und Fäuste ballen
Die gleiche Bewegung ausführen wie in 4., aber gegenläufig. Das heißt: Eine Hand spreizen und die anderen Hand zur Faust ballen.
Die Übung achtmal wiederholen.

6. Schulterrollen nach hinten
Ziehen Sie ganz langsam die Schultern nach oben und richten Sie dabei Ihre Brustwirbelsäule auf. Lassen Sie die Schultern in einer Kreisbewegung nach hinten sinken. Entspannen Sie sich dann wieder ganz bewusst.
Dabei jede Position zehn Sekunden halten.
Die Übung achtmal wiederholen.

7. Handflächen zusammendrücken
Die Handflächen zehn Sekunden lang zusammendrücken. Entspannen Sie sich dann wieder ganz bewusst zehn Sekunden lang.
Die Übung achtmal wiederholen.

8. Fingerhaken
Die Finger verhaken und zehn Sekunden lang auseinander dehnen. Entspannen Sie sich dann wieder ganz bewusst.
Die Übung achtmal wiederholen.

9. Handpresse
Legen Sie die Hände mit den Handflächen nach unten übereinander auf den Tisch. Die Hände gegeneinander drücken. Die Position zehn Sekunden halten und wieder entspannen. Dann die Hände wechseln und wiederholen.
Die Übung achtmal wiederholen.

10. Seidenfaden
Beim Einatmen: Lassen Sie sich an einem imaginären Seidenfaden, wie eine Marionette, ganz langsam und unbemerkt nach oben ziehen. Beim Ausatmen: wieder entspannen, locker lassen und nach unten sinken.
Die Übung achtmal wiederholen.

Die Rückkehr der Jugend

In der chinesischen Provinz Hunan entdeckte man 1973 eine Zeichnung, auf der verschiedene Qigong-Übungen dargestellt sind. Sie ist über 2000 Jahre alt. Zu dieser Zeit war an einen Computer nicht zu denken. Trotzdem sind für uns, in unserer heutigen Zeit, solche Übungsformen eine große Hilfe, denn die Zeiten ändern sich, der menschliche Körper ist jedoch noch der gleiche wie vor Jahrtausenden.

Die folgenden Übungen stammen aus dem „Hui Chun Gong", was als „Die Rückkehr der Jugend" oder „Die Rückkehr des Frühlings" übersetzt werden kann. Sie gehören zu den bekanntesten Übungssystemen in China. Mit Hilfe der Hui Chun Gong-Gesichtsübungen sollen Alterungsprozesse verlangsamt und ein jugendliches Aussehen erreicht werden. Die Gesichtshaut soll faltenfrei und weich werden, auch Altersflecken sollen verschwinden.
Da alle Emotionen am offensichtlichsten im Gesicht gespeichert sind, wirkt sich ein entspanntes Gesicht auf alle Organe positiv aus. Daher wird die körperliche und geistige Entspannung gefördert und der Qi-Fluss zum Gehirn und somit auch zu den Augen erhöht. Die beste Übungszeit ist der Morgen, dies wirkt erfrischend und weckt die Lebensgeister.

Die Augen rollen (alte daoistische Übung zur Gesundheitspflege der Augen)

- Die Handflächen warmreiben
- Mit den Handtellern die Augen bedecken
- achtmal **leicht** die geschlossenen Augen pressen
- Die von den Händen bedeckten Augen öffnen
- Die Augäpfel achtmal von links nach rechts bewegen
- achtmal von oben nach unten bewegen
- achtmal im Uhrzeigersinn drehen
- achtmal gegen den Uhrzeigersinn drehen

Den Himmelssaal erneuern

- Die Handflächen warmreiben
- Mit Zeige-, Mittel- und Ringfingern von den Augenbrauen nach oben und seitlich die Stirn ausstreichen, bis zum Ohransatz
- achtmal wiederholen

Wirkung: Diese Übung soll die Stirn glätten und gegen Nasenkrankheiten, Spannungen in den Augenhöhlen, Kopfschmerz, Schwindelgefühl und Schlaflosigkeit wirken.

Den Phönixschwanz streicheln

- Die Handflächen warmreiben
- Mit den Handballen von den Augenwinkeln seitlich über die Schläfen bis zum Ohransatz ausstreichen
- achtmal wiederholen

Wirkung: Die Übung kann „Krähenfüße" vermindern, sie stimuliert die Gesichtsnerven und soll gegen Migräne sowie Kopfschmerz wirksam sein.

Das Gesicht des Drachen klopfen

- Die Handflächen warmreiben
- Mit den Fingerspitzen das Gesicht eine Minute lang leicht klopfen
- Mit den Fingerspitzen die Kopfhaut bis zum Haaransatz nach hinten klopfen

- Mit den Daumen und Zeigefingern die Außenkanten der Ohren massieren. Dann mit den Zeigefingern die ganze Ohrmuschel massieren.

Wirkung: Die Übung beruhigt und entspannt die Gesichts- und Augenmuskulatur. Die Gesichtsnerven, die Gesichtszellen und das Gewebe werden angeregt und stimuliert, der Blut- und Qi-fluss wird gefördert.

Den himmlischen Teich pflegen

- Mit der linken Hand achtmal den Nacken von rechts nach links kneten

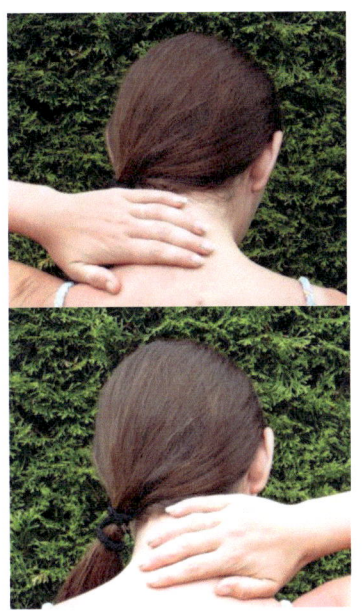

- Mit der rechten Hand achtmal den Nacken von links nach rechts kneten

Wirkung: Gut gegen Kopfschmerz, Schmerzen im Nacken und Hinterkopf, wirkt entspannend und fördert gutes Sehen.

„Das Glück ist ein Schmetterling",
sagte der Meister.
„Jag ihm nach und er entwischt dir.
Setz dich hin, und er lässt sich auf deiner Schulter nieder."
„Was soll ich also tun, um Glück zu erlangen?", fragte der Schüler.
„Hör auf, hinter ihm her zu sein.
„Aber gibt es nichts, was ich tun kann?"
„Du könntest versuchen, dich ruhig hinzusetzen,
wenn du es wagst."
(Anthony de Mello, „Gib deiner Seele Zeit")

Schlechtes Sehen aus Sicht der TCM

Die Krankheit von heute ist nichts anderes
als die Übertretung der Naturgesetze
von gestern.
(Altpersisches Sprichwort)

Bei uns im Westen kennen wir Zahnärzte, Hals-, Nasen- und Ohrenärzte, Hautärzte usw., alles Fachkräfte auf ihrem Gebiet, und bei Augenproblemen konsultieren wir den Augenarzt. In der TCM betrachtet man den Menschen jedoch als einen Teil der Natur, eingebunden in die energetischen Rhythmen: den Jahreszeiten, dem Wechselspiel von Tag und Nacht. Auch die Organe des Menschen sind immer im Zusammenhang zum großen Ganzen und niemals isoliert vom Menschen anzusehen. So sind Sehstörungen auch kein auf die Augen reduziertes Problem, sie betreffen immer den Menschen als Ganzes, nur dass sich die tieferliegende Ursache als Sehstörung im Außen zeigt. So gesehen reicht es nicht aus, nur das Auge zu behandeln, ohne den ganzen Körper mit einzubeziehen.

- Die Augen haben einen engen Bezug zu Leber und Galle, und wenn uns *„die Galle überläuft"* oder eine *„Laus über die Leber gelaufen ist"*, schadet dies unseren Augen.

- Auch zu den Nieren haben die Augen eine Beziehung. In den Nieren ist die „Essenz des Lebens" gespeichert, eine Energie, die im Laufe des Lebens immer mehr verbraucht wird. So lässt es sich erklären, dass im Alter, beim Aufbrauchen der Lebenskraft, altersbedingte Sehstörungen auftreten.

- Wichtig ist außerdem die Aufgabe des Gehirns, denn das Sehzentrum liegt im Gehirn. Das tatsächliche Sehen ist vor allem eine Leistung des Gehirns und wenn das Gehirn altert, leiden auch die Augen darunter.

- Die Ernährung spielt ebenso eine große Rolle. Die heute übliche Ernährungsweise mit einem zu hohen Konsum von denaturierter und energiearmer Kost führt schon in jungen Jahren zu etlichen Krankheitssymptomen. Die große Masse der Brillenträger spricht Bände.

- Stress und Anspannung lassen den Schulter-Nackenbereich verspannen, wodurch der Energiefluss zum Kopf gestört wird. Kopfschmerz, Migräne und schlechtes Sehen sind die Folge.

- Fehlende Entspannung ist das Problem unserer Zeit. Wenn auf innere Anspannung keine Entspannung folgt, verkrampft sich nicht nur die Muskulatur, jede Körperzelle wird energetisch blockiert, und auch das Gehirn und die Augen werden nicht mehr ausreichend mit Lebensenergie (Qi) versorgt. Hier können die sanften und leicht zu erlernenden Übungen aus dem Augen-Qigong sehr gut zur körperlichen und geistigen Entspannung beitragen.

Die Bedeutung der Leber für gutes Sehen in der TCM
In der TCM werden die Augen in das Holzelement eingeordnet, ebenso die Organe Leber und Galle. Die Emotionen Stress und Zorn lassen das Leber-Qi stagnieren (Leber-Qi Stau) und schlechtes Sehen ist die logische Folge davon. Aus Sicht der TCM lässt **Entspannung durch Qi Gong** und eine **leberschonende, energiereiche Ernährung** die Leber-Gallenenergie wieder frei fließen und die Augen heil werden. Um diese Zusammenhänge besser zu verstehen, möchte ich etwas näher auf die Fünf-Elemente-Theorie eingehen.

Muße ist der schönste Besitz von allen.
(Sokrates)

45

Die Fünf Elemente des Lebens

Die größte heilende Kraft besteht darin,
in Harmonie mit dem universellen Rhythmus zu sein.
(Paracelsus)

Vielfach werden die Fünf Elemente auch als die Fünf Wandlungsphasen bezeichnet. Ich verwende lieber den Begriff Wandlungsphase, da er aussagekräftiger ist und eine Verwechslung mit unserem westlichen Verständnis für die vier Elemente (Feuer, Erde, Luft, Wasser) ausschließt. Mit unserem westlichen Verständnis für die Elemente beziehen wir uns auf die Grundbausteine des Lebens, denn alles was lebt braucht die Sonne sowie Erde, Luft und Wasser. Mit dem östlichen Verständnis für die Fünf Wandlungsphasen wird damit aber der Ablauf von verschiedenen Entwicklungsprozessen beschrieben.

Die Theorie der Fünf Wandlungsphasen (chinesisch wu xing) bildet, gemeinsam mit der Lehre von Yin und Yang, die Basis der Traditionellen Chinesischen Medizin und Philosophie. Es wird der Versuch unternommen, alle Aspekte des Lebens und des Kosmos in ein fünfteiliges System einzuordnen. Repräsentiert werden die Wandlungsphasen durch Holz, Feuer, Erde, Metall und Wasser. Jeder einzelnen Phase werden eine Jahreszeit, eine Tageszeit, ein Lebensabschnitt, eine Farbe, ein Geschmack sowie Körperorgane zugeordnet. Alle sind miteinander verbunden und stehen in vielfältigen Wechselbeziehungen zueinander. Deutlich sichtbar wird das Prinzip an dem ewigen Kreislauf der Natur, den vier Jahreszeiten plus der fünften Jahreszeit, dem Spätsommer (nicht der Karnevalszeit).

In der Fünf-Phasen-Theorie werden alle Phänomene und Prozesse des Lebens in fünf Entwicklungsstadien eingeteilt

Die Wandlung von einem Element zum nächsten wird bildlich als Kreislauf dargestellt. In diesem nährenden und aufbauenden Zyklus füttert Holz das Feuer. Die Asche des Feuers wiederum nährt die Erde. Die Erde erzeugt Metall. Metalle und Mineralien machen das Wasser lebendig, und lebendiges Wasser nährt wiederum das Holz der Pflanzen. Womit sich der Kreislauf des Lebens wieder schließt.

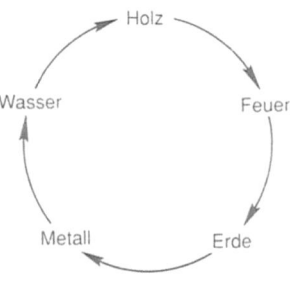

46

Der Mensch beginnt seinen Lebenszyklus noch ungeboren im Wasser (Fruchtwasser der Mutter). Mit der Geburt gelangen wir in die Holzphase und in unserer jugendlichen Entfaltung streben wir zum Feuer. Dieses Feuer kann man gut bei Jugendlichen („Hitzköpfen") beobachten. Später, im jungen Erwachsenenalter, werden wir in der Erdphase (der Mitte) wieder ruhiger. Mit der geistigen Reife, im Metallelement, beginnt der Herbst des Lebens. Nach der Rückkehr ins Dao (dem körperlichen Tod) gehen unsere Seelen wieder zurück in das Wasserelement und der ewige Zyklus beginnt von Neuem. Stets muss Altes vergehen, um Neues entstehen zu lassen. Dem Verlust eines Lebensabschnitts folgt der Gewinn eines neuen.

Der Beobachtung der Natur wurde in den philosophischen Schulen eine große Bedeutung beigemessen, und die energetische Verbindung zwischen Mensch und Kosmos bildet die Grundlage aller Theorien. So entsteht Krankheit aus einer Disharmonie des Menschen und den universellen Begebenheiten. Zur Heilung wird deshalb innerhalb der TCM immer eine Ausgewogenheit zwischen den fünf unterschiedlichen Kräften angestrebt.

Der Weise betrachtet Himmel und Erde und alles,
was sich dazwischen befindet,
als eine große Einheit;
er betrachtet alle Menschen unter dem Himmel,
seien sie nah oder fern, als seine Brüder,
da er weiß, dass wir alle derselben Quelle entspringen.
(Yen Yüan)

Tabelle: Die Fünf Wandlungsphasen

Element	Holz	Feuer	Erde	Metall	Wasser
Jahreszeit	Frühling	Sommer	Spätsommer	Herbst	Winter
Tageszeit	Morgen	Mittag	Nachmittag	Abend	Nacht
Richtung	Osten	Süden	Mitte	Westen	Norden
Entwicklung	Kindheit	Jugend	Junge Reife	Erwachsen	Alter
Veränderung	Keimen	Wachsen	Umwandeln	Ernten	Speichern
Farbe	Grün	Rot	Gelb	Weiß	Schwarz
Geschmack	Sauer	Bitter	Süß	Scharf	Salzig
Yin-Organ	Leber	Herz	Milz	Lunge	Niere
Yang-Organ	Galle	Dünndarm	Magen	Dickdarm	Blase
Sinnesorgan	Augen	Zunge	Mund	Nase	Ohren
Körperteil	Sehnen	Blutbahn	Fleisch	Haut/Haar	Knochen
Emotionen	Zorn	Freude	Grübeln	Trauer	Angst

Die Wandlungsphase Holz –
die Zeit der Geburt und des Neubeginns

Auf der Welt gibt es nichts, was sich nicht verändert;
nichts bleibt ewig so, wie es einst war.
(Tschuang Tse)

Da die Augen dem **Element Holz** zugeordnet sind, ist für das Thema „gesunde Augen" vor allem das Holzelement interessant. Der Wandlungsphase Holz sind zugeordnet: der Frühling, die Kindheit, die Farbe Grün, der saure Geschmack, die Organe Leber und Galle, die Augen, die Sehnen und Bänder sowie die Emotion Zorn.

Der **Frühling** ist die Zeit des Erwachens, die Lebenssäfte der Bäume steigen wieder nach oben, die ersten Sprossen durchstoßen die Erdoberfläche, es beginnt zu grünen.

Das chinesische Symbol für Holz ist der Bambus, er ist flexibel, beständig und belastbar. Im Frühjahr dominiert die **Farbe Grün**. Sie ist ebenso dem Holzelement zugeordnet wie die **Organe Leber und Gallenblase**. Die grüne Farbe hat eine beruhigende Wirkung auf den Menschen und entspannt die Leber. Wann immer wir unter Stress leiden, hilft uns der Aufenthalt im Grünen zur Entspannung und Regeneration. Immer dann, wenn nichts mehr geht, sollten wir in die Natur gehen. Nach einem langen Waldspaziergang sieht die Welt wieder anders aus.

Die Emotionen Wut, Ärger und Zorn sowie ihre Zuordnung zu Leber, Galle und den Augen

Vor der Akupunktur kommen die pflanzlichen Medikamente,
vor den Medikamenten kommt die richtige Ernährung,
vor der richtigen Ernährung aber
kommt die Behandlung des Geistes.
(Huang Di Nei Jing)

Sowohl ein Mangel als auch das Übermaß an Emotionen, verursachen ein Ungleichgewicht im jeweiligen Element. Ist die Leber aus dem Gleichgewicht geraten, dann zeigt sich dies in dem Gefühl eingeschnürt zu sein sowie in den **Emotionen Wut, Zorn und Ärger.** Lang anhaltender Ärger und Stress lassen das Leber-Qi stagnieren. Die Folge ist ein Leber-Qi-Stau und damit verbunden schlechtes Sehen.

Die Augen sind der Spiegel unserer Seele, in ihnen ist der ganze Mensch abgebildet, weshalb naturheilkundlich orientierte Ärzte die Augen als Diagnosemöglichkeit nutzen. Die Augen stehen vor allem aber mit der Leber in Verbindung. Eine Gelbsucht z. B. lässt sich sehr gut in den Augen erkennen. Ist das Holzelement aus dem Gleichgewicht geraten, ist dies z. B. an lichtempfindlichen Augen sowie an Bindehautentzündungen erkennbar. Deshalb sind Stress, stundenlanges Fernsehen und Bildschirmarbeit Gift für unsere Augen. Aber anstatt die eigentlichen Ursachen unserer Krankheitssymptome zu beheben, greifen wir lieber zu Beruhigungspillen und leisten uns eine schicke Brille. Und da wir alle (oder fast alle) so handeln, gilt es als normal, eine Brille zu tragen.

Wir sind was wir denken.
(Buddha)

Leber-Qi-Stau ist ein weit verbreitetes Symptom in meiner Praxis für Ernährungsberatung. Es ist der Stress des Alltags, der uns innerlich und äußerlich verspannt. Der Mensch ist häufig gereizt und neigt dazu, wie das berühmte HB-Männchen *„gleich in die Luft zu gehen".* Wenn wir einem Menschen mit einem angespannten Leber-Qi begegnen, ist die Frage berechtigt: **„Was ist dir denn für eine Laus über die Leber gelaufen?"**

49

Bei Wut steigt unsere Energie zu Kopfe, die Zornesröte zeigt sich im Gesicht, Qi schießt in die Augen, verengt die Pupillen und es ist den Betroffenen nicht möglich, klar zu sehen oder klare Gedanken zu fassen. Wir werden laut, schreien vor Wut.

Die Folgen dieses Phänomens sind vielfältig: Augenprobleme, Kopfschmerz, Schwindel, Herzrasen, Anspannung und Verspannungen. Die Wut zu unterdrücken ist auch keine gute Strategie, denn unterdrückte Wut blockiert ebenfalls das Leber- und Galle-Qi. Wenn Sie nichts rauslassen, dann bleibt alles drinnen und Gallensteine können die Folge sein. Dann ist es schon besser, „Dampf abzulassen," die Wut rauszulassen, dem Ärger freien Lauf zu lassen.

In der TCM sieht man die Leber auch als den General unter den Organen an und wenn der General wütend ist, haben alle anderen (Organe) Pech. Was so viel heißt, dass der ganze Mensch und die Umwelt unter der schlechten Stimmung leiden.

Dass die Vögel der Sorge und des Kummers
über dein Haupt fliegen,
kannst du nicht verhindern,
doch du kannst verhindern,
dass sie Nester in deinem Haar bauen.
(Aus China)

Was wirkt heilend auf Leber, Galle und Augen?

- Sehr heilsam ist es, sich mit seinen Emotionen (Wut) zu beschäftigen (z. B. Psychotherapie) und regelmäßig Augen-Qigong zu praktizieren.

- Die Leber muss die täglichen Eindrücke und Gemütsbewegungen positiv verarbeiten. Ist die Leberenergie nicht in der Balance, fallen diese Menschen als „schwierige Zeitgenossen" oder „hölzerne Typen" auf. „Hölzerne Typen" sind unbeweglich, verspannt und haben einen gestörten Bewegungsablauf. Da das Holzelement aber zu den flexibelsten aller Elementen gehört, ist solchen Personen dringend eine tiefgreifende Veränderung angeraten. Eine stärkere Brille löst nicht das Grundproblem.

- Die positiven Emotionen Gelassenheit, Sanftheit und innerer Frieden stärken das Holzelement. Befindet sich das Holzelement in einem ausgewogenen Zustand, sind die Augen gesund, die Sehnen und Bänder flexibel und stabil. Der Mensch ist voller Tatendrang, hat einen klaren Blick, ist neugierig und voller Phantasie wie ein Kind.

- Um das Holzelement zu stärken, ist die Vorstellung hilfreich, dass unsere Füße mit starken, metertiefen Wurzeln mit der Erde verbunden sind. Wer gut geerdet ist, hat einen guten Stand im Leben und wird nicht mehr so schnell von den Stürmen des Lebens umgeweht. Außerdem leiten wir durch unsere Aufmerksamkeit die kopflastige Energie nach unten in die Füße, die oft kalt und energielos sind.

- Alles Grüne entspannt die Leber, die Galle und unsere Augen. Immer wenn wir unter Stress leiden, beruhigt die grüne Farbe. Grüne Räume, grüne Kleidung, vor allem aber der Aufenthalt im Grünen sind Medizin.

- Grünes Essen (Salate, Spinat, Broccoli usw.) entspannt ebenso wie der leicht saure Geschmack in der Nahrung. Denn nach den Richtlinien der Fünf-Elemente-Ernährung reist der saure Geschmack zur Leber.

- Vor der Wandlungsphase Holz befindet sich das Wasserelement. Da Wasser das Holz nährt, ist auch die tägliche Flüssigkeitszufuhr von Bedeutung. Damit unser Gehirn voll leistungsfähig ist, und ungetrübtes Sehen möglich macht, müssen wir genügend reines Wasser trinken.

- Ein Tipp: Damit der Körper angesammelte Schadstoffe und Säuren ausspülen kann, sollten Sie möglichst reines Wasser trinken. Trinken Sie morgens auf nüchternen Magen ein Glas (warmes) Wasser. Sie werden spüren, wie belebend dies wirkt und wie Sie Kraft für den Tag bekommen.

- Ich beziehe mich hier nur auf reines Wasser, ohne Kohlensäure (Kohlesäure übersäuert den Körper zu sehr). Alle anderen Flüssigkeiten sind Nahrungsmittel, sie müssen „verdaut" werden, bis sie dem Körper als reine Flüssigkeit zur Verfügung stehen. Durch den übermäßigen Genuss von Kaffee, Tee, Alkohol, Cola, Limonaden usw. führen wir unserem Körper lediglich „verunreinigtes Wasser" zu.

Entspannter Schlaf fördert gutes Sehen

Jede Körperzelle des Menschen besitzt die gleiche Erbinformation, jedoch bilden sich aus diesen Zellen verschiedene Organe. Die Sinneszellen der Augen besitzen also die gleichen Erbanlagen wie die Leberzellen. Allerdings sind die Zellen der verschiedenen Organe hoch spezialisiert. Die Sinneszellen der Augen sind tagaktiv, sie benötigen Licht, um optimal zu arbeiten. Die Leberzellen sind dagegen nachts besonders aktiv. Nach der chinesischen Organuhr hat die Leber in der Zeit von 1 bis 3 Uhr ihre höchste Aktivität. Während des Schlafes wird das Gehirn (und die Augen) von Abfallstoffen befreit, welche die Leber verarbeitet und über die Galle zur Ausscheidung bringt. Auch bildet die Leber genau die Stoffe, welche die Augen tagsüber für gutes Sehen benötigen.

Wenn Sie diese Zusammenhänge kennen, ist es sonnenklar, dass gutes Sehen einer guten Nacht bedarf.

Wenn du nicht bereit bist, dein Leben zu ändern,
kann dir nicht geholfen werden.
(Hippokrates)

Übung zur Stärkung des Holzelements

- Sorgen Sie dafür, dass Sie in den nächsten zwanzig Minuten ungestört bleiben.
- Setzen Sie sich ganz bequem und aufrecht auf einen Stuhl, die Füße stehen fest auf dem Boden, die Augen geschlossen.
- Nehmen Sie Ihre Brille ab, falls Sie eine tragen.
- Reiben Sie kräftig die Handflächen aneinander, bis sie sich warm anfühlen. Damit stärken Sie den Energiefluss in den Händen.
- Reiben Sie anschließend mit lockeren Händen den Lendenbereich warm. Dies stärkt Ihren gesamten Energiehaushalt.
- Entspannen Sie Ihren Körper und den Geist. Lassen Sie alle Alltagsgedanken ziehen, ohne sie festzuhalten.
- Konzentrieren Sie sich nun vollständig auf Ihren Atem, er fließt ganz langsam und gleichmäßig durch die Nase ein und aus.
- Mit jedem Ausatmen wird die Entspannung größer und tiefer.
- Entspannen Sie ganz bewusst die Gesichtszüge, lächeln Sie so, wie Sie einem geliebten Menschen zulächeln.

- Bedecken Sie mit den Handflächen Ihre Augen. Spüren Sie dabei ganz bewusst, wie entspannend und heilend sich die Wärme der Hände auf die Augen auswirkt.
- Genießen Sie ca. fünf bis zehn Minuten diese Entspannung. Dann die Hände ganz langsam, die Handflächen zum Körper zeigend, nach unten zum Leberbereich (seitlich unterhalb der rechten Brust, Rippenbogen) führen und dort ruhen lassen.
- Stellen Sie sich dabei vor, wie Sie „schlechtes Qi" (Anspannung) nach unten ableiten.
- Nach ein paar Atemzügen die Hände ganz langsam nach unten führen und dabei vorstellen, wie das „schlechte Qi" durch das rechte Bein (den Lebermeridian) nach unten abgeleitet wird.
- Ab etwa Kniehöhe in Gedanken das Qi bis zum großen Zeh weiterführen und dann in die Erde ableiten.
- In Stressphasen des Lebens ist zu empfehlen, diese Übung noch zweimal zu wiederholen. Nun genügt es, die Hände wieder warm zu reiben, die Augen zu bedecken und dann wie gehabt das Stress-Qi nach unten durch den Lebermeridian auszuleiten.

Achtsamkeit

Ein Schüler begegnete auf dem Marktplatz seinem Meister, von dem er einen Gedichtband besaß. Er näherte sich ihm und fragte: „Meister, können Sie mir bitte in dieses Buch schreiben, was das Wichtigste, was die Essenz des Lebens ist?"
Der Meister sagte: „Ja, das kann ich", und schrieb in das Buch „Achtsamkeit".
Da bemerkte der Schüler enttäuscht: „Ist das alles? Gibt es da nicht etwas Tieferes?"
Der Meister erwiderte: „Doch, es gibt etwas Tieferes", und schrieb „Achtsamkeit, Achtsamkeit".
Der Schüler war aber immer noch nicht zufrieden: „Achtsamkeit, das kennt doch jeder! Können Sie nicht etwas Tiefgründigeres schreiben?"
Der Meister antwortete: „Oh ja, das kann ich", und schrieb „Achtsamkeit, Achtsamkeit, Achtsamkeit".
Da verstand der Schüler plötzlich und verbeugte sich tief.

(Zen-Geschichte, „Glück ist, was du daraus machst")

„Die Augen sind Fenster der Seele"
(William Shakespeare)

Dein Glück hängt nicht davon ab,
wer du bist oder was du hast,
sondern nur davon, was du denkst.
(Dale Carnegie)

Da unsere Sehfähigkeit vor allem eine Leistung des Gehirnes ist, hat logischerweise auch unser Denken Auswirkungen auf unsere Augengesundheit. Die Pupillen reagieren sehr schnell auf all unsere Gefühle. Bei Angst öffnen sich unsere Pupillen schlagartig und unser Blick wird unscharf. Auch wenn wir frisch verliebt sind, öffnen sich unsere Pupillen, wir sehen alles „rosarot" oder „Liebe macht blind". Bei Wut hingegen verengen sich die Pupillen, das Qi schießt in die Augen, „die Zornesröte ins Gesicht" und es ist „unmöglich, klar zu sehen" oder klare Gedanken zu fassen.

Angst ist eine der größten Gefahren für unsere Gesundheit. Angst ist allgegenwärtig in den Medien, sie schüren tagtäglich unsere Versagensängste, die Angst vor Krankheit, Tod, Leid, Armut oder dem Älterwerden. Angst setzt uns unter Stress, erzeugt Anspannung, erhöht den Blutdruck und den Druck auf die Augen. Seelische Konflikte sind oftmals der Auslöser für Fehlsichtigkeit. Schlechtes Sehen ist dann nur ein Schutzmechanismus. Wir sehen nicht mehr gut, da wir nicht mehr alles mit ansehen möchten.
Allgemein gesagt haben alle Sehprobleme mit einer *„falschen Sicht der Dinge"* zu tun: *„Wenn wir etwas nicht wahrhaben wollen, nicht hinschauen möchten, die Einsicht, der Durchblick fehlt, wir Scheuklappen tragen, die Augen vor etwas verschließen, Angst haben, nach vorne zu sehen, etwas nicht mehr mit ansehen können, die Augen nicht öffnen wollen, vor Liebe blind sind, uns vergucken, böse Blicke auf jemanden werfen oder gar mit Blicken töten möchten."*

Um klar zu sehen, genügt oft ein Wechsel der Blickrichtung.
(Antoine de Saint-Exupery)

Bei jedem ist diese falsche Sicht anders gelagert und muss individuell ergründet werden. Hier ein paar Anregungen:

Was in Ihrem Leben wollen Sie *nicht mehr mit ansehen?*

Schauen Sie der Situation in die Augen. Was können Sie in Ihrem Leben verbessern?

Haben Sie eine *negative Sicht* auf das (Ihr) Leben?

Halten Sie sich vor Augen, was alles positiv ist in Ihrem Leben.

Wenn Sie sich *unter Druck setzen,* steigt auch der *Druck in Ihren Augen.*

Setzen Sie sich nicht selber unter Druck. Sorgen Sie für mehr Entspannung.

Sehen Sie die Dinge des Lebens *zu eng oder zu starr?*

Denken Sie großzügig.

Sehen Sie nur das, was vor Ihrer Nasenspitze geschieht?

Entwickeln Sie Weitsicht.

Wie können Sie mit *anderen Ansichten* der Anderen umgehen?

Gestatten Sie anderen Menschen andere Ansichten.

Was macht Ihnen Angst, auf was oder wen sind Sie wütend?

Stellen Sie sich Ihren Ängsten. Meiden Sie negative Berichterstattungen in den Medien.

*Es gibt nur eine falsche Sicht der Dinge:
der Glaube, meine Sicht sei die einzig richtige.
(Nagarjuna)*

Augengymnastik
Entspannte Augen, entspannter Geist

Ihre Augen sind Hochleistungssportler! Kennen Sie einen Spitzensportler, der nicht regelmäßig trainiert? Mit den nächsten Übungen können Sie täglich Ihre Augenmuskeln trainieren, genauso wie Sie täglich die Bewegungsmuskulatur trainieren sollten.

- Wenn Sie eine Brille tragen, nehmen Sie diese jetzt ab. **Sie müssen nicht immer alles klar sehen,** gestatten Sie sich auch einmal eine Zeit ohne Ihre „Krücke", die Brille.
- Diese Übungsserie kann auch gut vor dem Einschlafen auf der Bettkante ausgeführt werden. Dann sollten Sie die Brille nicht wieder aufsetzen, sondern mit nun entspannter Augenmuskulatur einschlafen.
- Sie müssen auch nicht alle Übungen ausführen suchen Sie sich drei aus, die Ihnen gut tun. Einzelne Übungen sind auch gut geeignet, wenn Sie tagsüber Wartezeiten überbrücken wollen.

Nicht übertreiben, klein anfangen, Pausen einlegen
- Wenn Sie mit dem regelmäßigen Augen-Qigong-Training beginnen, sind Ihre Augenmuskeln untrainiert. So, als würden Sie ohne Training einen 100-Meter-Lauf absolvieren.
- Wenn Sie übertreiben, bringt das Training nicht den gewünschten, heilenden Effekt. Lassen Sie sich deshalb Zeit.
- Beginnen Sie mit drei bis Übungen.
- Legen Sie nach jeder Übung eine kleine Pause ein, bei der Sie kurz die **Augen schließen** oder die Augen befeuchten, indem Sie ein paarmal **bewusst blinzeln.**

1. Nackenentspannung als einleitende Übung

Wie Sie bereits wissen, führen Verspannungen im Nacken zu Sehstörungen, da die Blut- und Qi-Versorgung des Kopfes und damit auch der Augen unzureichend ist. Ein paar der am Anfang des Buches vorgestellten Schulter-Nacken-Entspannungs-übungen eignen sich sehr gut als Eröffnungsübung für die ganze Serie. Wenn Sie möchten, können Sie bei dieser Übung die Augen geschlossen halten und sich ganz auf den Nackenbereich konzentrieren. Falls Sie die ganze Serie durchüben möchten, genügen vier bis sechs Wiederholungen. Setzen Sie sich aufrecht auf einen Stuhl.

- Den Kopf senken und wieder anheben.
- Den Kopf zur Seite drehen.
- Den Kopf seitwärts neigen.
- Schulterkreisen nach hinten.

Senken	Drehen	Neigen	Schulterkreisen

2. Wechsel der Blickrichtung

Mit diesen Bewegungen trainieren Sie die Augenmuskulatur zur vollen Beweglichkeit. Führen Sie die Augenbewegungen ganz langsam und harmonisch aus. Der Kopf sollte dabei nicht mitbewegt werden, sondern geradeaus schauen. Der Wechsel der Blickrichtung sollte erfolgen, ohne dass etwas fixiert wird.

- Zuerst nach oben und dann nach unten schauen.
- Nach links und rechts blicken.
- In die Diagonale schauen, von links oben nach rechts unten und wieder zurück.
- In die Diagonale schauen, von rechts oben nach links unten und wieder zurück.
- Die Augen kreisförmig im Uhrzeigersinn rollen, dann in die Gegenrichtung.

3. Posaunenübung 1. Variante

Im Wechsel nah und fern schauen. Mit dieser Übung trainieren Sie die Muskeln, sich nach der Anspannung wieder zu entspannen. Sollte Ihnen dabei schwindelig werden oder wenn die Augen schmerzen, mit den Übungen aufhören.

- Strecken Sie einen Arm nach vorne, den Daumen nach oben ausgestreckt, etwa in Höhe der Nase.
- Schauen Sie abwechselnd auf den Daumen und dann auf einen Punkt, der hinter dem Daumen ganz in der Ferne liegt.
- Probieren Sie dies auch nur mit dem linken oder dem rechten Auge aus, indem Sie mit der freien Hand das andere Auge bedecken.
- Wiederholen Sie die Übung ca. achtmal.

4. Posaunenübung 2. Variante

- Fixieren Sie zuerst, zehn Sekunden lang einen nahen Gegenstand (z. B. den oberen Rand des PC-Bildschirms).
- Anschließend ebenso lange in die Ferne (z. B. aus dem Fenster ins Grüne) schauen. Wiederholen Sie dies ca. achtmal.

5. Posaunenübung 3. Variante

Bei dieser Variante üben Sie die Konvergenz. Das ist die Fähigkeit, mit beiden Augen auf einen Punkt zu blicken. Eine gute Konvergenz ist wichtig, um im Nahbereich gut sehen zu können. Diese Übung können Sie ausnahmsweise mit Ihrer Brille ausführen.
Diese Übung sollten Sie sofort abbrechen, wenn es unangenehm wird, ansonsten beträgt die Übungsdauer zwei bis drei Minuten.

- Strecken Sie einen Arm nach vorne, den Daumen nach oben richten, etwa in der Höhe der Nase. Fixieren Sie den Daumen ein paar Sekunden lang mit Ihrem Blick, bis Sie ihn scharf sehen.
- Nun den Daumen ganz langsam bis kurz vor die Nasenspitze führen. Sie sollten den Daumen dabei scharf sehen.
- Wiederholen Sie dies ca. achtmal. Wenn Ihnen die Übung unangenehm wird, bitte vorzeitig abbrechen.

6. Die Achterbahn (Augenachten)

Das Augenachten ist eine Übung aus der Kinesiologie. Sie stärkt die Gehirnfunktionen, bringt die Augenenergie wieder in die Balance und trainiert die Augenmuskulatur.
Wenn Sie ohne Brille üben, hat dies den Vorteil, dass Sie Ihren Horizont erweitern. Sie haben die Möglichkeit, weit zu den Seiten zu schauen, in Bereiche, die im Brillenalltag verborgen bleiben.

- Strecken Sie einen Arm nach vorne, den Daumen nach oben richten, etwa in der Höhe der Nase. Beginnen Sie die Achterbahn immer von der Mitte ausgehend nach links oder rechts oben.
- Während Sie nun ganz langsam Achten in die Luft zeichnen, soll der Kopf **nicht** mitbewegt werden. Nur die Augen schauen auf den Daumen.
- Wiederholen Sie dies ca. achtmal mit dem linken Arm, dann achtmal mit dem rechten.

7. Palmieren

Diese Übung können Sie als Abschlussübung, nach einer Runde Augen-Qigong oder auch als Augenentspannung für zwischendurch praktizieren. Für mich ist sie eine der angenehmsten Übungen: es ist eine Wohltat für die Augen und den Geist, einmal abzuschalten und für ein paar Minuten lang nichts mehr sehen zu müssen. „To palm" bedeutet übrigens so viel wie: „in der hohlen Hand verbergen".

- Sie sitzen auf dem Stuhl und reiben die Hände warm, falls nötig.
- Bedecken Sie Ihre Augen wie zwei Schalen mit den warmen Handflächen, ohne dabei Druck auszuüben.
- Suchen Sie sich eine möglichst bequeme Körperhaltung aus. Die Ellbogen können auf einer Tischplatte abgestützt werden. Oder Sie beugen den Oberkörper etwas nach vorne und stützen die Ellbogen auf den Oberschenkel kurz hinter den Kniescheiben ab.
- Entspannen Sie sich.
- Lassen Sie sich mindestens fünf Minuten lang Zeit. Üben Sie das Nichtstun.
- Gestatten Sie Ihren Augen eine Auszeit und genießen Sie die Dunkelheit.
- Atmen Sie ganz ruhig und gleichmäßig.
- Entspannen Sie Ihr Gesicht und lächeln Sie.
- Nehmen Sie eine positive und optimistische Haltung ein. Stellen Sie sich vor, dass Sie jung, gesund und schön sind. Danken Sie Ihren Augen, dass sie Ihnen gutes Sehen ermöglichen.
- Sagen Sie zu sich: Ich sehe in allen Dingen meines Lebens auch die positive und schöne Seite. Ich sehe von Tag zu Tag immer besser und besser. Ich habe ein vollkommenes Sehvermögen. Ich liebe das, was ich sehe. Ich liebe mich und meine wunderbaren Augen.

Der Mensch enthält in sich alles Wissen und alle Weisheit,
die zur Heilung erforderlich sind.
(Paracelsus)

8. Energiezufuhr für die Augen

Die vorhin beschriebene Übung, das Palmieren, kann in seiner Wirksamkeit noch erhöht werden, wenn Sie bewusst „Energie durch die Augen einatmen". Bedecken Sie hierzu, wie bereits gelernt, Ihre Augen mit den warmgeriebenen Händen.

- Sitzen Sie bequem, lassen Sie Kopf und Nacken locker.
- Schließen Sie die Augen, schalten Sie ab.
- In Ihrer Vorstellungskraft können Sie nun mit jedem Atemzug die angenehme Energie und Wärme der Hände durch die Augen einatmen.
- Mit jedem Atemzug führen Sie Ihren Augen weitere Heilkraft zu.
- Ihre Augen entspannen sich immer mehr.
- Denken Sie daran: Meine Augen sind vollkommen und gesund.

Augenmassage an Chinas Schulen

Müßiggehen verlangt ein starkes Selbstbewusstsein.
(R. L. Stevenson)

Der chinesische Schulalltag ist lang. Er beginnt zwischen 7:30 und 8:00 Uhr. Um 9:30 Uhr steht für alle Grundschulen eine Qigong-Morgengymnastik im Pausenhof auf dem Programm. Mittags von 12:00 bis 13:30 Uhr ist Pause, in der die meisten Kinder im Klassenzimmer essen oder kurz nach Hause gehen. Nachmittags geht der Unterricht bis 16:30 Uhr und danach müssen die Kinder noch Hausaufgaben machen. An vielen Schulen ist auch noch samstags Unterricht, aber nur bis 12:00 Uhr. Besonders anstrengend für die Augen ist das Schreiben und Erlernen der vielen tausend kleinsten Schriftzeichen. Da Lesebrillen für Geringverdiener sehr teuer sind, hat der chinesische Staat eine spezielle Augenakupressur für gutes Sehen eingeführt, die bis zu dreimal täglich durchgeführt wird. Dabei sitzt jeder Schüler auf seinem Platz und massiert nach den Vorgaben aus dem Lautsprecher, mit Musikuntermalung, verschiedene Akupunkturpunkte in Augennähe.

Diese Augenmassage sorgt nebenbei noch dafür, Müdigkeit zu vertreiben. Chinas alte Weisen waren nämlich gute Beobachter, ihnen blieb nicht verborgen, dass sich müde Menschen die Augen reiben. Egal welches Alter und welche Nation, wenn wir müde sind, reiben wir uns die Augen. Also schlussfolgerten sie daraus, dass diese intuitive Handlung uns wieder fit macht und die Müdigkeit vertreibt.

Je länger die Schulzeit, desto schlechter die Augen
Lange die Schulbank zu drücken macht meistens schlau, wirkt sich aber schädlich für die Augen aus. Zu diesem Ergebnis kam eine Studie mit 4700 Personen im Alter von 35 bis 74 Jahren, welche die Universität Mainz durchführte. Das Ergebnis: Je länger die Schullaufbahn, desto schlechter sind die Augen. So leiden die Teilnehmer mit einem Hochschulabschluss zu 24 Prozent unter Kurzsichtigkeit, bei Menschen mit einem Universitätsabschluss sind es bereits 53 Prozent. Neben der Kurzsichtigkeit steigt auch das Risiko, an anderen Augenleiden zu erkranken.
Nicht nur in Deutschland, sondern auch in asiatischen Ländern steigt die Anzahl kurzsichtiger Kinder. Eine aktuelle Studie (2014) aus Taiwan ergab, dass Stubenhocker, welche viel Zeit an elektronischen Geräten verbringen, viel häufiger fehlsichtig sind als gleichaltrige Kinder, welche oft im Freien spielen. Deshalb sollten Sie als Eltern die Zeit im Haus und an elektronischen Geräten begrenzen und zum Spiel in freier Natur ermuntern.

Bewusstsein ist nur durch Veränderung möglich,
Veränderung ist nur möglich durch Bewegung.
(Aldous Huxley)

Die Meridiane, unsere Lebensadern

Wenn das Qi frei und üppig fließt,
werden im Winter die Blumen blühen.
(Chinesische Weisheit)

Zum besseren Verständnis noch eine kleine Einführung in die Welt der Meridiane und Akupunktur.
Das Meridiansystem wird in der traditionellen chinesischen Medizin (TCM) als „Jing Luo" bezeichnet. Das Wort „Jing" heißt so viel wie Weg oder Kanal und „Luo" bedeutet Netz. Alle Meridiane bilden zusammen ein komplexes System, welches alle Körperteile und Organe miteinander verbindet. zwölf der Hauptmeridiane beginnen oder enden in den Füßen oder Händen. Sie sind mit unseren Organen verbunden und sind daher auch nach ihnen benannt. Daneben gibt es noch sogenannte Sondermeridiane, welche nicht an bestimmte Organe gebunden sind. Auf den 14 wesentlichen Meridianen gibt es 365 Punkte, außerhalb der Meridianbahnen noch weitere 171 Extrapunkte sowie 110 „neue Punkte". Durch fortlaufende Forschungen kommen aber immer wieder neue Akupunkturpunkte hinzu.

Der Mensch ist gesund, wenn sein Qi frei und üppig fließt. Störungen im Energiefluss werden als Unwohlsein bis hin zu einer ernsthaften Krankheit wahrgenommen. Auf den Meridianen befinden sich die meisten Akupunkturpunkte. Energieblockaden werden in der TCM mittels Druck (Akupressur, Massage), Nadeln (Akupunktur), Wärme (Moxibition) oder traditioneller Heilgymnastik (Qigong, Tai Chi) beeinflusst. Innerlich kann man auf den Energiefluss auch über Arznei (Kräutermedizin) oder Ernährung (nach den Fünf Elementen) einwirken.
In alten Quellen kann man lesen:

Egal, wer du bist und welche Fähigkeiten du besitzt:
Erinnere dich, dass Gott die Quelle ist und die Flut der Kraft,
die durch alle deine Kanäle fließt.
(Yogananda)

Akupressur – gesund durch Fingerdruck

Die Akupressur zählt zu den ältesten Heilmethoden auf der Welt. Noch vor der Akupunktur haben Chinesen entdeckt, dass wir durch Druck auf bestimmte Körperteile Krankheiten lindern und heilen können. Bei der Akupressur wird der jeweilige Akupunkturpunkt statt mit Nadeln mittels Fingerdruck stimuliert. Es werden verschiedene Druck- und Massagetechniken angewandt: mittels Daumen, Mittelfinger, Zeigefinger, der ganzen Hand oder Akupressurstäbchen. Der Druck und die Zeitspanne der Massage müssen individuell ausgeführt werden. Sehr gute Wirkung erzielt man mit dieser Methode bei Schmerzen. Es werden dabei körpereigene Heilkräfte aktiviert sowie der Fluss der Lebensenergie (Qi) stimuliert.

Im Gegensatz zur Akupunktur, die von geschulten Therapeuten durchgeführt werden sollte, kann die Akupressur auch von medizinischen Laien angewandt werden. Wir müssen lediglich lernen, die richtigen Punkte zu unserem Leiden zu ermitteln und auf dem Körper zu lokalisieren.

Konzentriere dich in deinem kurzen Leben auf wesentliche Dinge
und lebe mit dir und der Welt in Frieden.
Sorge dafür, dass die Menschen dich lieben, solange du lebst.
Bald werden wir den letzten Atemzug tun;
solange wir aber atmen, solange wir unter Menschen weilen,
wollen wir uns Menschlichkeit zur Pflicht machen.
(Seneca)

Chinesische Augenakupressur

Verschiedene Studien belegen die entspannende Wirkung der Augenmassage. Sie fördert die körperliche Entspannung, erhöht den Qi-Fluss zum Kopf, zum Gehirn sowie zu den Augen und sorgt für eine bessere Blut- und Nährstoffversorgung der Augen. Eine gute Wirkung hat die Massage bei ermüdeten Augen sowie bei Kurz-, Weit- und Alterssichtigkeit.

Zur Massagetechnik

Drücken Sie nur kurz und mit mäßigem Druck und wiederholen Sie dies sechsunddreißigmal pro Punkt.

Oder massieren Sie den Punkt sechsunddreißigmal sanft in einer kreisenden Bewegung.

Sollten einige der Massagepunkte schmerzempfindlich reagieren, ist das ein Zeichen dafür, dass der Energiefluss an dieser Stelle oder in diesem Meridian nicht so gut ist. Die Stelle hat also eine Massage dringend notwendig, damit der Energiefluss wieder in Ordnung kommt. In fetter Schrift wird die genaue Bezeichnung des Akupressurpunktes angegeben, in den Klammern die Wirkungsweise.

- Setzen Sie sich bequem auf einen Stuhl oder Hocker. Schließen Sie Ihre Augen und reiben Sie Ihre Hände warm, um den Energiefluss in den Händen anzuregen.

- **Blase 1 (jing ming),** zwischen innerem Augenwinkel und Nasenwurzel mit den Zeigefingern massieren. (Akute Augenprobleme, Nachtblindheit, Müdigkeit)

- **Blase 2 (cuan zhu),** an der Innenseite der Augenbrauen mit den Mittelfingern massieren. (Chronische Augenbeschwerden, Kopfschmerzen, rote Augen)

- **Gallenblase 14 (yang bai),** einen Fingerbreit oberhalb der Mitte der Augenbrauen die „Hörner" mit den Zeigefingern massieren. (Kopfschmerz, schmerzende Augen, Nachtblindheit)

- **Gallenblase 1 (tong zi liao),** von den äußeren Augenwinkeln, etwa einen Fingerbreit nach außen, mit den Zeigefingern massieren. (Kopfschmerz, rote Augen, Kurzsichtigkeit, Nachtblindheit)

- **Drei Erwärmer 23 (si zhu kong),** am äußeren Ende der Augenbrauen, in einer Vertiefung etwas unterhalb der Augenbrauenenden, mit den Zeigefingern massieren. (Schwindel, Migräne, Sehstörungen)

- **Extrapunkt KH5 (taiy ang),** vom äußeren Ende der Augenbrauen, seitlich ein bis zwei cm Richtung Ohren, in einer kleinen Kuhle, beidseitig mit den Zeigefingern massieren. (Kopfschmerz, Migräne, Schwindel, Entspannung des gesamten Kopfbereiches)

- **Magen 1 (cheng qi),** unterhalb des Auges, mittig, senkrecht unter der Pupille, am oberen Knochenrand mit den Zeigefingern massieren. (alle Arten von Sehstörungen und Augenerkrankungen)

- **Extrapunkt KH3 (yin tang),** auf der Nasenwurzel, mittig, zwischen den Augenbrauen, das „3. Auge" mit einem Zeigefinger massieren. (Vitalisierung der Augen, Kopfschmerz, Schwindel)

- Bleiben Sie noch einen Augenblick ruhig sitzen, entspannen Sie Ihre Gesichtszüge und **lächeln Sie.** Spüren Sie, wie sich durch das Lächeln Ihre Augen entspannen. Genießen Sie diesen entspannten Zustand und stellen Sie sich vor, wie sich das Lächeln im ganzen Körper verbreitet. Denken Sie an die chinesischen Volksweisheiten:

Das Glück kommt zu denen, die lächeln
und:
Der beste Arzt heißt Lachen.

Gönnen Sie sich immer wieder eine kleine Pause, indem Sie diese Übung mehrmals täglich wiederholen. Sie werden die wohltuende Wirkung und den besseren Energiefluss spüren. Lassen Sie sich immer genügend Zeit, um die angenehme Auswirkung zu erspüren.

Die Lage der Augenakupressur-Punkte

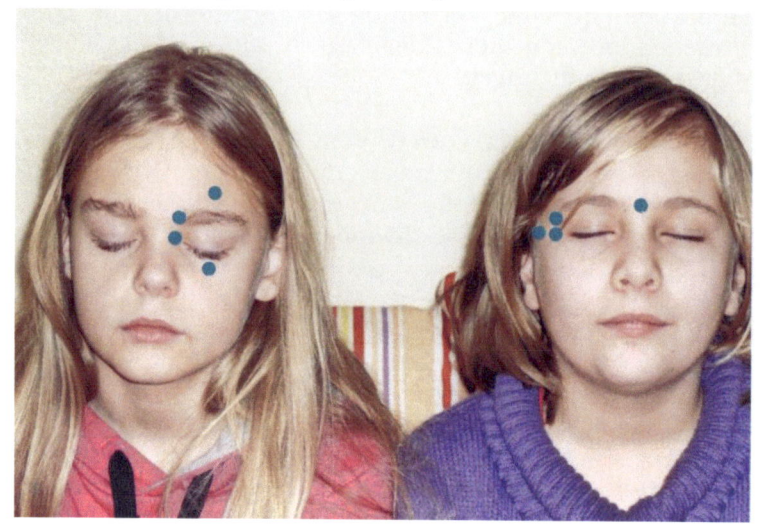

Gallenblase 1 (tong zi liao)

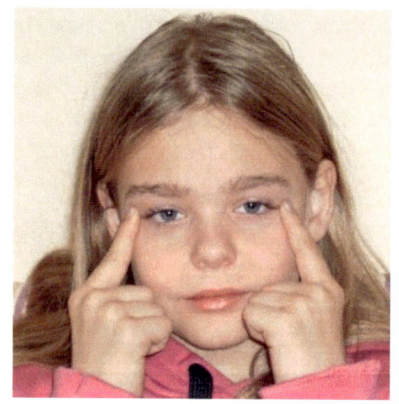

Extrapunkt KH5 (taiy ang)

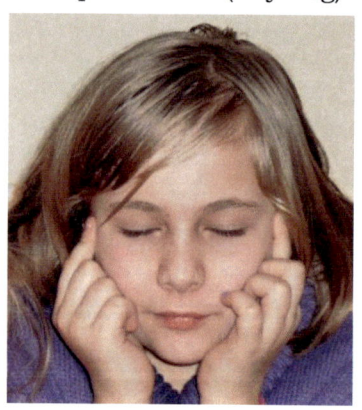

*Deine Seele sucht andere Wege,
und wo sie zu kurz kommt,
wo du auf ihre Kosten Erfolge hast,
blüht dir kein Glück.
Denn Glück empfinden kann nur die Seele,
nicht Bauch, Kopf oder Geldbeutel.
(Hermann Hesse)*

Sehen ist ein komplexer Vorgang

Die Welt gehört dem, der sie genießt.
(Leopardi)

Das einfallende Licht passiert unsere Hornhaut, das Kammerwasser, die Pupille, die Linse, durchdringt den Glaskörper und fällt seitenverkehrt und im Kopfstand auf die Sehzellen der Netzhaut. Die Sehzellen der Netzhaut werden in Stäbchen und Zäpfchen unterteilt. Für die Hell- und Dunkelwahrnehmung sind die 75 bis 120 Millionen Stäbchen zuständig, diese sind besonders dicht am Außenrand der Netzhaut angeordnet. Auf der Mitte der Netzhaut konzentrieren sich 3,5 bis 6 Millionen Zäpfchen, welche das Farbsehen ermöglichen. Über die Sehnerven wird die Bildinformation zum Gehirn (an der Schädelbasis im Hinterkopf) weitergeleitet, wo das eigentliche Sehen stattfindet. Die Kunst des guten Sehens ist also vor allem eine Leistung des Gehirns. Es muss die Informationen vom linken und rechten Auge zu einem einzigen Bild verarbeiten und die im Kopfstand auf die Sehzellen einfallende Bildinformation umkehren. Selbst mit geschlossenen Augen können wir (unser Sehzentrum im Gehirn) noch sehen, uns an Bilder oder Träume erinnern.

Da der Mensch 80 % seiner Informationen über die Außenwelt durch die Augen aufnimmt, sind diese unser wichtigstes Sinnesorgan. Damit gutes Sehen funktionieren kann, werden 25 % der dem Menschen zur Verfügung stehenden Lebensenergie vom Gehirn und seinem Sehzentrum verbraucht. Verständlich wird durch diese Tatsache, dass ein zeitweiliger Energiemangel des Menschen die Sehfähigkeit reduziert. Es ist somit natürlich, dass die Sehschärfe im Laufe des Tages und von Situation zu Situation Schwankungen unterworfen ist. Je nach Zustand, bei Überlastung, Stress, Sorgen oder Problemen, kann die Sehschärfe um eine Dioptrie schlechter sein als in einem entspannten Zustand.

Glück und Unglück kommen nicht von selbst,
sie werden gerufen.
(Chinesische Weisheit)

Gutes Licht – gutes Sehen

Alle Zeit, die nicht vom Herzen wahrgenommen wird,
ist verloren.
(Michael Ende, "Momo")

Wir sind zu Stubenhockern geworden. Kunststoffe umgeben uns in einer künstlichen Büro- und Arbeitswelt. Künstliches Licht (Neonröhren) weist ein unnatürliches Lichtspektrum auf und lässt die Augen schnell ermüden. Zudem flimmern die Röhren und das ist nicht nur für unsere Augen purer Stress. Nutzen Sie deshalb jede erdenkliche Möglichkeit, um aus den vier Wänden heraus in die Natur zu gehen. Auch wenn es im Winter einmal trüb und regnerisch ist, sorgt eine halbe Stunde flottes Gehen für neuen Schwung. Der tägliche Aufenthalt in freier Natur ist die beste Medizin, nicht nur für die Augen, auch für die Seele.

Eine gute Investition für das gesundheitliche Wohlergehen ist außerdem die Installierung von Vollspektrumlicht im Arbeitszimmer. Ich besitze schon seit fünfzehn Jahren eine solche flimmerfreie Leuchte und möchte darauf nicht mehr verzichten.

Hintergründe zum Vollspektrumlicht

In den 50er Jahren spezialisierte sich der amerikanische Trickfilmspezialist Dr. John Ott auf die Zeitrafferfotografie. Viele dieser Aufnahmen, bei denen extrem langsame Bewegungen im Zeitraffer sichtbar werden, hat er im Auftrag von Walt Disney gemacht. Um auf diese Weise, über Tage und Wochen, das Aufblühen einer Blume zu filmen, benötigte er gleichmäßiges Kunstlicht. Viele Pflanzen wollten bei künstlicher Beleuchtung nicht so recht gedeihen, worauf er zu der Schlussfolgerung kam, dass alle Lebewesen das volle Spektrum des Sonnenlichtes benötigen, um zu wachsen und zu gedeihen. Er hat schließlich so lange herumgetüftelt, bis er eine Lichtquelle hatte, die dem natürlichen Tageslicht sehr nahe kam. Dr. Ott hat sein Vollspektrumlicht dann auch an einer Schule getestet, worauf die Krankheitsfälle auf ein Drittel des vorherigen Standes sanken. Weitere Versuche an anderen Schulen, Büros und Fabriken in den USA haben ähnliche Erfolge gezeigt. Im Zoo der Bronx (New York) wird dieses Licht schon seit 40 Jahren eingesetzt. Besonders bei der Aufzucht von Reptilien ist es inzwischen weltweit üblich, Vollspektrumlicht anzuwenden. Die amerikanische Weltraumbehörde NASA zog die Konsequenz aus diesen Erfahrungen und ließ Ende der 60er Jahre Vollspektrumlampen weiter verbessern. Die Astronauten kamen damit besser zurecht und berichteten von verbesserter Aufmerksamkeit und gehobener Stimmung.

Wenn Pflanzen und Tiere unter Kunstlicht krank werden, wie ergeht es dann uns Menschen, die den größten Teil des Tages vom natürlichen Sonnenlicht abgeschirmt sind? Wenn Papageientaucher unter Kunstlicht die Lust an der Fortpflanzung verlieren, wie verhält es sich beim Menschen? Da wir nun aus beruflichen oder sonstigen Gründen eine gewisse Zeit in geschlossenen Räumen verbringen müssen, ist der Einbau von Vollspektrumröhren dringend anzuraten, denn selbst die Glasfenster unserer Häuser lassen nicht das gesamte Spektrum durch.

Der UV-Anteil des natürlichen Tageslichts spielt nachweislich eine wichtige Rolle für den Hormonhaushalt des Menschen. Kunstlicht ohne UV-Anteil führte in Studien zu einem beträchtlichen stressartigen Anstieg der Hormone ACTH und Cortisol. Beim Einsatz von Vollspektrumbeleuchtung blieb dieser negative Effekt aus.

Unsere Augen leiden unter dem Hineinstarren auf Smartphones und Computerbildschirme

Millionen Menschen, die täglich Kunstlicht, Computerbildschirmen, Smartphones usw. ausgesetzt sind, werden allmählich älter. Möglicherweise wird die Welt schon bald mit einer Epidemie von Sehstörungen konfrontiert werden. Das Licht von Bildschirmen (und auch das von den vielgepriesenen Energiesparlampen) stresst das Auge, da es einen hohen blauen Lichtanteil enthält. Die inzwischen weitgehend vom Markt verdrängten guten alten Glühlampen erzeugen hingegen noch ein annähernd natürliches Spektrum. Wohl dem, der sich davon einen Vorrat angelegt hat. Natürliches Sonnenlicht weist dagegen das gesamte Farbspektrum auf. Besonders hoch ist morgens (Morgenrot) und abends (Abendrot) der natürliche Rotanteil.

Zum Thema Smartphones hat die Firma Zeiss mit dem Fachmedium Eyebizz insgesamt 1000 Bundesbürger im Alter von 20 bis 50 Jahren befragt. Über die Hälfte berichtete, dass sie vermehrt unter Augenermüdung, Nackenverspannungen und Kopfschmerzen leiden. Das Starren auf kleine Displays in gekrümmter Haltung hat also gesundheitliche Nebenwirkungen. Wer sein Smartphone viel nutzt, sollte immer mal wieder Pausen einlegen, entspannen, nichts tun und regelmäßig Entspannungsübungen durchführen. Nicht nur Ihre Augen werden es Ihnen danken!

Von Sonnenvitaminen und Biophotonen

In den letzten Jahren hat sich die äußerst schädliche
und vollkommen unbegründete Vorstellung verbreitet,
Licht sei schlecht für die Augen.
(Aldous Huxley im Jahr 1943)

Licht ist die Grundlage des Lebens – ohne Licht kein Leben, und wie alle Lebewesen, lebt auch der Mensch (und das Auge) letztendlich vom Sonnenlicht. Unsere Augen sind ein Lichtorgan und ohne Licht verkümmern sie. Die Augen von tagaktiven Lebewesen, zu denen auch wir Menschen gehören, sind auf das Sonnenlicht angewiesen. Ohne Licht können wir nichts sehen. Je heller und natürlicher das Licht ist, desto besser ist auch unsere Sehfähigkeit. Was den Augen und dem Menschen schadet, ist der zu lange Aufenthalt in künstlich beleuchteten Räumen, nicht das Sonnenlicht. Allzu langes „Sonnenanbeten" und sich wochenlang in südlichen Sandstränden „grillen" lassen ist sicherlich schädlich, aber in geringen Mengen gesundheitsfördernd.
Der Mensch ist genetisch ein Freiluftgeschöpf und kein Stubenhocker. Wir benötigen die UV-Strahlung der Sonne auf unserer Haut, damit diese das Vitamin D3 (das Sonnenhormon) bilden kann. Wie Sie wissen, ist Kalzium wichtig für einen stabilen Knochenaufbau. Damit Ihr Darm dieses Kalzium aus der Nahrung aufnehmen kann, benötigt der Körper Vitamin D. Auch für unser Immunsystem und unser psychisches Wohlbefinden sind Vitamin D und Sonnenlicht absolut notwendig. Wie sehr Ihre Stimmung und Gesundheit unter Lichtmangel leiden, haben Sie alle schon in langen und trüben Wintermonaten erlebt. In der sonnenarmen Zeit leiden die meisten Menschen unter Vitamin D-Mangel.

Wende dein Gesicht der Sonne zu,
dann fallen die Schatten hinter dich.
(Afrikanisches Sprichwort)

Was können Sie tun?
* Die Sonne ist nicht unser Feind, sie ist lebenswichtig. Verbringen Sie täglich so viel Zeit wie möglich im Freien. Mindestens 30 Minuten Lichteinstrahlung auf den möglichst wenig bekleideten Körper sind aber schon erforderlich. Vor allem das über die Augen aufgenommene Licht unterstützt Ihr Hormon- und Immunsystem.

70

- Bei extremer Sonneneinstrahlung, im Hochgebirge, im Schnee oder am Meer, ist eine Sonnenbrille notwendig. Bei normaler Sonneneinstrahlung sind getönte Brillen jedoch nicht zu empfehlen. Durch das regelmäßige Tragen von Sonnenbrillen werden Ihre Augen immer lichtempfindlicher, Sie erreichen also nur das Gegenteil.

- In der dunklen Jahreszeit kann das Einnehmen eines Vitamin-D3-Präparates sinnvoll sein. Dies verringert die Anfälligkeit für Erkältungskrankheiten in den Wintermonaten und hebt die Stimmung. Bitte besprechen Sie dies mit Ihrem Arzt oder Heilpraktiker.

- Einen Teil Ihres Tagesbedarfs an Vitamin D können Sie auch mit der Nahrung decken. Vor allem fette Fische sind reich an diesem Vitamin. Das ist übrigens auch der Grund, warum Eskimos – die ja in den Wintermonaten ganz ohne Sonnenlicht auskommen müssen – überleben können. Nur ist für uns Mitteleuropäer die Eskimokost mit viel frischem, rohem und fettem Fisch gewöhnungsbedürftig.

- Vitamin D enthalten: Hering, Sardellen, Heilbutt, Champignons, Emmentaler Käse, Eier.

- Verzehren Sie „lichtreiche" Lebensmittel.

Alles, was lebt, lebt im Licht,
alles, was existiert, strahlt Licht aus.
Alle Dinge empfangen ihr Leben vom Licht und
dieses Licht ist in seiner Wurzel selbst Leben.
(Paracelsus)

Lichtreiche Lebensmittel – das Mittel des Lebens

Unter der Leitung von Prof. Fritz-Albert Popp wurde 1975 bewiesen, dass jede lebende Substanz Licht (sogenannte Biophotonen) abgibt und die Zellen aller Geschöpfe mittels Licht kommunizieren. Nachdem über diese Erkenntnisse in den 70er Jahren noch heftig gestritten wurde, sind sie heute allgemein anerkannt. Die Erkenntnisse um die Biophotonenstrahlung haben sich inzwischen so weit verdichtet, dass praktische Anwendungen in breitem Umfang möglich sind.

Sehr gut lässt sich mittels der Biophotonen-Messung der Frischezustand von Lebensmitteln ermitteln. Durch lange Lagerung und Konservierung nimmt der Lichtanteil in der Nahrung rapide ab. So werden auch große Unterschiede zwischen biologisch oder konventionell erzeugten Produkten gemessen. Diese Unterschiede sind nachweisbar bei Freilandwaren und Treibhauswaren sowie in Hühnereiern von frei im Gelände laufenden Hühnern und Käfighühnern, die durch Hallenhaltung nicht ausreichend Sonnenlicht bekamen.

Verzehren Sie deshalb frische Lebensmittel, Obst, Salate und Gemüse aus biologischem Anbau, aber vor allem von Natur aus lichtreiche Wildpflanzen.

Wir haben endlich erkannt,
dass Licht ein Lebensmittel ist wie die Nahrung
und dass falsches Licht uns wie falsche Ernährung
krank machen und richtiges Licht
unsere Gesundheit erhalten kann.
(J. Ott, „Risikofaktor Kunstlicht –
Stress durch falsche Beleuchtung")

Änderung des Lebensstils –
mit kleinen Veränderungen beginnen

Wenn ein Mensch krank wird, dann nur,
weil der innere Arzt und Heiler
durch ein falsches Leben geschwächt und behindert wurde.
Wenn ich heilen will, kann ich nichts anderes tun,
als ihm, dem inneren Arzt und Heiler,
zu Kräften zu verhelfen.
(Paracelsus)

Unvernünftigen Lebensstil ändern
Krankheiten (auch schlechtes Sehen) kommen nicht aus heiterem Himmel zu uns, sie sind ein Ergebnis von jahrelangem Fehlverhalten. Nicht immer sind die Gene die Ursache an unserem Glück oder Unglück, an Gesundheit oder Krankheit. Es ist aber der bequemste Weg, den Erbanlagen die Schuld zuzuweisen. Wenn Sie diesen Gedanken akzeptieren können, dann ist es logisch, dass wir, um gesund zu werden, unsere bisherige Lebensweise verändern müssen. Alles im Leben ist eine Verknüpfung von Ursache und Wirkung. Wir können nicht so weitermachen wie bisher und erwarten, dass etwas anderes dabei herauskommt. Ohne Veränderung keine Heilung.

Es hat sich inzwischen herumgesprochen und ist deshalb kein Geheimnis, dass mangelnde Bewegung, zu wenig Schlaf, zu hoher Zucker-, Kaffee-, Alkohol- und Zigarettenkonsum ungesund sind. Bekanntermaßen führt Nikotin zu Gefäßverengungen und auch die Augen werden nicht mehr ausreichend mit Blut und Qi versorgt. Wenn Sie Ihre Augengesundheit fördern möchten, dann sollten Sie diese Laster ablegen.

Eine Fehlsichtigkeit hat, wie jedes andere Krankheitssymptom auch, mehrere Ursachen, die sich summieren. Folglich müssen wir auch mehrere Veränderungen in unserem Lebensstil vornehmen.

Die beste Arznei für den Menschen ist der Mensch,
der höchste Grad der Arznei ist die Liebe.
(Paracelsus)

Ernährung – Der Mensch ist, was er isst

Die „Ernährung nach den Fünf Elementen" ist eine der wichtigsten Säulen der Traditionellen Chinesischen Medizin. In einem alten Klassiker der TCM wurden die Fragen erörtert:

Ist er ein Arzt oder ein Koch?
sowie:
Einem Arzt, der nicht kochen kann,
dem kannst du nicht vertrauen.

Dies verdeutlicht, wie hoch der Stellenwert des Essens und der Nahrungszubereitung in der TCM ist. Viele chinesische Ärzte sind der Meinung:

Erst wenn die Ernährungstherapie keine Heilung bringt,
sind Arzneimittel einzusetzen.

Medizin sollte nicht aus Pillen bestehen, sondern aus dem, was uns nährt. Da wir sowieso täglich essen und trinken müssen, warum sollen wir dann nicht das zu uns nehmen, was uns heilt? Die Nahrung ist unser bestes Heilmittel. Eine vorbeugende und heilende Medizin sollte in der Küche beginnen.

Ob Ihre Augen richtig und mit genügend Energie versorgt werden, ist vor allem von Ihrer Ernährung abhängig. In der TCM ist bei der täglichen Ernährung vor allem der Gehalt an Lebensenergie (Qi) ausschlaggebend. Ist der Energiegehalt der Nahrung durch intensive Landwirtschaft, falsche und zu lange Lagerung, große Transportwege usw. bereits gering, leidet Ihr Körper unter einem Energiemangel trotz vollem Bauch. Ist Ihre Ernährung durch zu viel Fast Food (mit Geschmacksverstärkern, Farb-, Geschmacks- und Konservierungsstoffen) auf Dauer energiearm, muss Ihr Körper eigene Energiereserven aufbrauchen, um dieser bescheidenen Nahrung etwas abzugewinnen. Daher ist die Auswahl Ihrer täglichen Nahrung im Hinblick auf ihren Energiegehalt von elementarer Bedeutung.

Ernährungstipps
Wenn Sie sich gesund ernähren möchten, reduzieren Sie folgende Dinge:
- Industriezucker und Fruktose
- künstliche Konservierungs-, Farb- und Geschmacksstoffe (auch Süßstoffe.

- Übermaß an Fleisch, Wurst, Eiern und Milchprodukten, diese übersäuern den Körper.

Was können Sie genießen?
Eine naturbelassene, ausgewogene, basenüberschüssige, überwiegend vegetarische Kost kommt auch Ihren Augen zugute. In meiner Arbeit als Ernährungsberater habe ich festgestellt, dass die meisten Menschen durch den übermäßigen Verzehr von tierischen Produkten, Auszugsmehl und Zucker übersäuert sind. Daher ist eine basenüberschüssige Ernährung notwendig. Als Alternative zum Weißmehl eignen sich Hirse, Buchweizen, Reis, Mais, Amaranth und Qinoa. Ich ernähre mich schon seit vielen Jahren hauptsächlich mit diesen (glutenfreien) Lebensmitteln, und ich fühle mich seither wie neu geboren. Salate, Obst und Gemüse und vor allem Wildpflanzen stehen fast täglich auf meinem Speiseplan. Bevorzugen Sie frische Lebensmittel aus biologischem Anbau, sie enthalten mehr Energie als Industriekost.

Das beste und preiswerteste Heilmittel: reines Wasser
Trinken Sie genügend Wasser. Vor allem das Gehirn reagiert sehr sensibel auf Wassermangel. Vergessen Sie den Gedanken, Kaffee, Säfte, Alkohol und alle industriell hergestellten Getränke könnten Ihren Wasserbedarf stillen.

Atem ist Leben
Das Luftelement (Sauerstoff) ist das am meisten benötigte Element von allen. Der Mensch kann ohne Sonne (Feuerelement) ein paar Monate überstehen. Fehlt die Nahrung (Erdelement), können wir bis zu 40 Tage ohne allzu großen Schaden überleben. Maximal vier bis fünf Tage kann ein Mensch ohne Wasser auskommen. Aber bereits fünf Minuten ohne Sauerstoff (Luftelement) erleidet unser Gehirn irreparable Schäden. Daran erkennen wir, dass die Luft unser wichtigstes Gut darstellt. Ausreichend mit Sauerstoff versorgt zu sein ist die Grundlage des Lebens. Jede einzelne Körperzelle benötigt Sauerstoff, um ihre Aufgabe zu erfüllen und uns fit und gesund zu halten.
Wenn die Wissenschaft im Atmen nur die Aufnahme von Sauerstoff sieht, wird etwas Wesentliches übersehen, nämlich, dass wir uns über den Atem noch mit feinstofflichen Energien (Qi) versorgen, ohne die ein Überleben nicht möglich wäre.

Öffnet die Fenster in eurem Haus,
so fliegen Arzt und Apotheker hinaus!
(Volksweisheit)

75

Nichts essen, wofür Werbung gemacht wird!

Seit 200 000 Generationen
lebt der Mensch von vitalstoffreichen Wildpflanzen,
seit 250 Generationen von Kulturpflanzen
und seit fünf Generationen von nährstoffarmer „Industrienahrung".

Wer gesund werden oder gesund bleiben möchte, sollte vor allem naturbelassene Lebensmittel zu sich nehmen, das heißt, jede Form industriell verarbeiteter Nahrung meiden, da diese arm an Nähr- und Vitalstoffen ist. Ich staune immer wieder, wenn ich in die vollen Einkaufswagen im Supermarkt schaue. Meistens sehe ich sie angefüllt mit „toter Nahrung", also Ware, die zwar nährt und Kalorien enthält, aber keinesfalls den Körper mit lebenswichtigen Lebensenergien versorgt. Ein Blick auf die Zutatenliste genügt schon, um zu erkennen, dass industriell gefertigte Produkte eine Vielzahl von künstlichen Zusatzstoffen enthalten.
Der hohe Anteil von Geschmacksverstärkern, Farb-, Konservierungs- und Geschmacksstoffen überfordert sowohl unsere Verdauung als auch den Stoffwechsel und das Immunsystem. Außerdem enthält die Durchschnittskost viel zu viel Industriezucker. Diese Produkte werden mit großem Werbeaufwand – und das sehr erfolgreich – an den Mann oder an die Frau gebracht. Also geben Sie acht, gehen Sie auf keinen Fall der allgegenwärtigen Reklame auf den Leim, die ihr Produkt mit viel Raffinesse anpreist. Diese „Wunder der Chemie" sind alles andere als vollwertige Lebensmittel und stellen für den Körper eine Belastung dar, anstatt ihn zu nähren. Beachten Sie deshalb die Aussage des bekannten Ernährungsarztes Dr. Brucker: *Nichts essen, wofür Werbung gemacht wird!*

Der Weg zur Gesundheit führt durch die Küche,
nicht durch die Apotheke.
(Sebastian Kneipp)

Weitere Informationen zu dem Thema gesunde Ernährung finden Sie auch in meinen Büchern:
- Natürlich glücklich und gesund – Gesundheit ohne Medikamente aus dem Chemielabor, ISBN: 978-3-8370-3996-2
- Kostbares „Unkraut" – Delikatessen am Wegesrand, ISBN: 978-3-7322-5371-5

Augenvitalstoffe, Vitamine, Minerale und Co.

In dem lateinischen Wort **Vita**min ist das Wort **Vita**, **Leben** enthalten. Vitamine sind lebenswichtig für zahlreiche Funktionen des Organismus. Vitamine werden im Körper nicht oder nur in ungenügender Menge hergestellt, weshalb sie über die Nahrung zugeführt werden müssen. Wenn Sie sich entschließen, neben einer gesunden Ernährung noch zusätzlich Vitamine einzunehmen, sollten Sie auf deren natürlichen Ursprung achten. Denn künstliche Substanzen (auch Vitamine) sind für den Körper eher eine Belastung als eine Hilfe. Er kann mit synthetischen Stoffen nichts anfangen, der Qi-Gehalt dieser Produkte ist gleich Null. Da sie **kein Vita (kein Qi)** enthalten, ist der Name Vitamin irreführend.

Was den Energiegehalt betrifft, bestehen große Unterschiede zwischen natürlichen und künstlich hergestellten Vitaminen. Fragen Sie deshalb in der Apotheke, im Reformhaus oder im Bioladen nach Vitamin C aus der Acerola-Kirsche anstatt nach synthetischer Ascorbinsäure. Auch wenn das natürliche Präparat teurer ist, lohnt sich diese Ausgabe. **Aber an erster Stelle sollte immer eine nährstoffreiche Ernährung stehen.**

Vitamin A (Provitamin A): *„Esst viele Karotten, das ist gut für die Augen, denn Hasen brauchen keine Brille."* Diesen Ratschlag kennen Sie doch alle noch aus Kindertagen. Einen gewissen Schutz vor Augenproblemen (Nachtblindheit) bieten Möhren tatsächlich. Denn Karotten enthalten viel Beta-Carotin, aus dem der Körper Vitamin A herstellt, welches für den Sehvorgang eine wichtige Funktion hat. Vitamin A ist in Butter, Eiern, Fisch und in vielen Gemüsesorten enthalten (Grünkohl, Rote Bete, Spinat usw.). Da Vitamin A fettlöslich ist, das Gemüse immer zusammen mit Öl oder Sahne verzehren.

Vitamin B1 sorgt für den Energiestoffwechsel des Sehnervs und ist in Vollkornprodukten enthalten.

Vitamin B2 (Riboflavin): Dieses Vitamin unterstützt die Leber bei ihrer Entgiftungsfunktion. Es spielt eine Rolle bei der Energiegewinnung, dem Energiestoffwechsel und der Vermeidung von Augenkrankheiten wie Grauem Star.
Vorsicht: B2 wird zerstört durch Alkali (Basenpulver, Natron). Deshalb nicht dauerhaft, über Monate hinweg, Basenpulver ein-

nehmen. Besser ist die Umstellung auf eine basenüberschüssige Ernährung. Da Vitamin B2 vor allem in tierischen Produkten zu finden ist – wie übrigens die meisten anderen B-Vitamine auch – leiden Vegetarier schneller an einer Unterversorgung. Enthalten ist Riboflavin auch in: Brokkoli, Champignons, Erbsen, Grünkohl, Mangold, Rosenkohl, Spinat, Tomaten.

Vitamin B12: Gutes Sehen erfordert eine gute Vitamin B-Versorgung. Nachweislich steigt beim Fernsehen (Bildschirmarbeit, Lesen) der Vitamin B12-Verbrauch um das Zehn- bis Zwölffache an.
Vitamin B12 kommt in nennenswerten Mengen nur in tierischen Lebensmitteln vor. Enthalten ist Vitamin B12 in ausreichenden Mengen in Milchprodukten. Wohl dem, der diese Produkte verzehren kann oder möchte. Ansonsten sind Veganer auf Vitamin B12-Präparate (angereicherte Lebensmittel, Nahrungsergänzungsmittel oder Vitamin B12-Zahnpasta) angewiesen.

Vitamin C: In der Augenlinse ist die Vitamin C-Konzentration etwa 40 bis 50mal so hoch wie im Blut. Vitamin C ist ein wichtiges wasserlösliches Antioxidans. Es schützt die durch die intensive Sonneneinstrahlung betroffenen Augen vor der Bildung von aggressiven Sauerstoffradikalen. Vitamin C fördert die Durchblutung der Augen. Bei einem Mangel an Vitamin C kann es im Alter zu einer Linsentrübung (Grauer Star) kommen. Die besten Vitamin C-Quellen sind Frischobst und Frischgemüse.

Vitamin E ist ein wichtiges fettlösliches Antioxidans. Es schützt vor freien Radikalen und hat entzündungshemmende Eigenschaften. Chinesische Forscher haben 2015 sämtliche vorliegende Studien zum Schutz vor Makula-Degeneration durch Vitamin E ausgewertet. Das Ergebnis: Natürliches Vitamin E aus der Nahrung reduziert das Risiko für die Netzhauterkrankung um fast 30 %. Gängige Vitamin E-Präparate brachten jedoch in der chinesischen Untersuchung kaum Verbesserungen.
Vitamin E steckt in Vollkornprodukten, Obst, Gemüse, aber auch in Nüssen und Ölen. Etwa sieben Gramm Weizenkeimöl oder 27 Gramm Sonnenblumenöl decken bereits den Tagesbedarf eines Erwachsenen. Menschen, die unter Magen-Darm-Erkrankungen leiden, ist jedoch die Aufnahme dieses Stoffes aus der Nahrung erschwert, weshalb viele dann unter einem Vitamin-E-Mangel leiden.

Magnesium spielt eine große Rolle bei der Entspannung der Muskeln und Nerven. Ein Mangel dieses Minerals kann sich neben den bekannten Symptomen wie Muskelkrämpfen auch in Augenermüdung, akuter und chronischer Bindehautentzündung sowie als Glaukom (Grüner Star) zeigen. Genügend Magnesium befindet sich in allen grünen Pflanzen.

Selen hat eine wichtige Schutzfunktion gegen freie Radikale, wirkt krebsvorbeugend, entzündungshemmend und verhindert Zellschäden im Auge. Reich an Selen sind Fische, Vollkornprodukte, Nüsse, Hülsenfrüchte.

Zink: Dass Zink die Wundheilung fördert, das Immunsystem stärkt und deshalb bei Erkältungskrankheiten hilft, ist allgemein bekannt. Doch auch für das Sehen spielt Zink eine wichtige Rolle. Die menschlichen Augen weisen die höchste Zinkkonzentration im ganzen Körper auf. Dieser Vitalstoff ist an der Regeneration der Sehzellen beteiligt und sorgt dafür, dass das so wichtige Vitamin A besser aufgenommen werden kann.
Enthalten ist Zink vor allem in Brokkoli, Erbsen, Rosenkohl sowie in den meisten Obst- und Gemüsesorten.

Das Arzthonorar

Ein altes Weib, das ein Augenleiden hatte, lud einen Arzt zu sich, damit er sie heile; als er kam, fand er bei ihr vielen Hausrat. Davon stahl er jedesmal, wann er Arzneien brachte, bis das Haus leer war. Als aber die Alte genesen war und ihr Haus leer fand, weigerte sie sich, dem Arzte seinen Lohn zu geben.
Er zog sie vor Gericht, und dort sagte sie, er habe sie nicht völlig geheilt, denn sie sehe jetzt weniger als früher; früher hatte sie nämlich in ihrem Hause viel Gerät gesehn, jetzt sah sie nichts mehr.

(Anonym)

Literaturhinweise – Quellenhinweise
Natürlich glücklich und gesund, Gerhard Müller, BoD
Glücklich und gesund mit Qigong, Gerhard Müller, BoD
Chinesische Heilkunst, Alexander Meng, Wolfgang Exel
Augen-Qigong, Dr. Wan-chung Chen
Heilen mit den Fünf Elementen des Tao, Brigitte Hegemann
Besser hören und sehen mit Qi Gong, Liane U. Schoefer-Happ
Gesund am Computer, Leo Angart
Augentraining, Uschi Ostermeier-Sitkowski
Besser Sehen mit dem Herzen, Jordi Campos

Danksagung
Allen Menschen, die mich lehrten und auf meinem Weg unterstützten, gilt mein Dank. Ganz besonders danke ich Qigong-
Großmeister Qingshan Liu, Frau Wang Li, Großmeister Li Zhi-
Chang und Master Mantak Chia, bei denen ich lernen durfte. Ich
danke außerdem Laureen Borsch, Sarah De Heyn, Ingrid Federer,
Sandra Ries, Gina Ries, und Edith-Johanna Schumann, die mich
bei der Entstehung dieses Buches unterstützten. Vor allem danke
ich meinen Qigong-Schülern von denen ich all die Jahre viel lernen durfte.

80

Der Autor

Gerhard Müller erlernte den Beruf des Stahlgraveurs. Ein berufsbedingtes Rückenleiden stellte ihn vor über zwanzig Jahren vor die Wahl, entweder den Beruf aufzugeben oder einen Ausgleich zu finden, um den einseitigen Belastungen am Arbeitsplatz entgegenzuwirken. Die langjährigen ärztlichen Therapien waren nicht zufriedenstellend, denn nach ein paar Tagen war alles wieder beim Alten.

Gerhard Müller sammelte Erfahrungen in verschiedenen Bereichen der Körperarbeit wie Qigong, Tai Chi, Yoga, die Fünf Tibeter, Autogenes Training, Muskelentspannung nach Jakobson usw. und konnte sich erfolgreich mit einer Qigong-Übungsserie, die er seither weiterentwickelt hat, selbst heilen. Angespornt von dem Erfolg konnte er bei Qigong-Meister Liu (München) und Frau Wang Li (Bad Münstereifel) zwei kompetente Ausbilder zum Qigong-Lehrer finden. Seit 2006 arbeitet er hauptberuflich als Qigong-Lehrer in eigener Praxis sowie in Zusammenarbeit mit Ärzten, Heilpraktikern und Kurhäusern.

Schwerpunkt seiner Tätigkeit ist heute die Arbeit mit Menschen, die an langjährigen chronischen Verspannungen des Rückens sowie des Schulter-Nackenbereiches leiden. Darüber hinaus leitet er Seminare und Workshops zu den Themen Ernährung nach den Fünf Elementen, Wildkräuterwanderungen und Wildkräuter-Koch-Workshops.

Buchtipps

Glücklich und Gesund mit
Qigong – 176 Seiten, 19 Euro
ISBN: 978-3-8370-2040-3

Qigong auf dem Stuhl
84 Seiten, 9 Euro
ISBN: 978-3-7386-4820-1

Natürlich glücklich und gesund – Gesundheit ohne Medikamente aus dem Che-
mielabor, 216 Seiten, 19 Euro
ISBN: 978-3-8370-3996-2

Kostbares „Unkraut"
und Grüne Smoothies
64 Seiten, 9 Euro
ISBN: 978-3-7322-5371-5

CD – Entspannung
für Körper und Geist
Laufzeit: 42:23, 12 Euro
Nur beim Autor erhältlich

DVD, 18 Übungen zur Ge-
sundheit und Ausge-
glichenheit
& Hui Chun Gong
& 5 Minuten Qigong, 22 Euro
Nur beim Autor erhältlich

Bezugsadresse

✳ GERHARD MÜLLER ✳
QIGONG LEHRER
ERNÄHRUNGSBERATER
WILDKRÄUTERWANDERUNGEN
BERLINER STR. 17
D-55566 BAD SOBERNHEIM
www.qi-gong-schule.de

Qigong-Übungsanleitung
Broschüre, 28 Seiten
3 Euro

Finger-Qigong-Anleitung
Broschüre 20 Seiten
2,00 Euro
Nur beim Autor erhältlich